曲村—天马遗址

山西省文物局 编
谢尧亭 著

山西出版传媒集团
三晋出版社

写在前面的话

党的十八大以来，以习近平同志为核心的党中央高度重视文化自信和文化建设，强调在加强文化建设中要坚持讲好中国故事、传播好中国声音，铸牢中华民族共同体意识，向世界展现真实、立体、全面的中国，提高国家文化软实力和中华文化影响力，让世界更好地了解中国。2020年5月，习近平总书记在山西视察时，进一步指出文化遗产保护的重要意义：历史文化遗产是不可再生、不可替代的宝贵资源，要始终把保护放在第一位。发展旅游要以保护为前提，不能过度商业化，要让旅游成为人们感悟中华文化、增强文化自信的过程。

山西是中华文明重要的发源地，更是数千年中华文明史重要的实践地，山西以其独特的自然和人文环境，留下了丰富的遗迹、遗物。山西省目前有国保单位531处，高居全国之首，为深入开展“百万年的人类史、一万年的文化史、五千多年的文明史”研究，提供了丰富的实物资料。

为深入贯彻落实习近平总书记讲好中国故事、传播好中国声音的要求，以及视察山西时关于保护和利用好文化遗产的重要指示，进一步把山西省文化遗产所蕴藏的优秀传统文化精神标识和具有当代价值与世界意义的文化精髓提炼展示出来，不断提升中华文化影响力，山西省文物局与山西大学以山西省全国重点文物保护单位为依托，共同开展了“讲好山西国宝级文物故事”活动，并将其成果以“山西国宝故事”丛书奉献给广大读者。

此次选定的山西国宝文物包括山西省的三大世界文化遗产地、国务院首批公布的全国重点文物保护单位以及在全国同类遗存中具有重大文化价值的遗存共20处。这20处国宝大致可分为四类。

第一类是世界文化遗产。享誉中外的三大世界文化遗产，是我省的闪亮名片。云冈石窟代表着石窟艺术“中国化”的开始，壮丽的典型皇家风范造像，代表了公元5世纪世界雕刻艺术的最高水平，成为中西文化交流的历史丰碑。冰缘地貌、五峰聚立的佛教圣地五台山，是我国唯一兼有藏传佛教和汉地佛教的道场，是东亚乃至世界现存最庞大的佛教古建筑群，各类庙宇交相辉映，多民族文化和谐共存，同时也是艺术的殿堂，雕、镂、彩、绘，各呈奇异，钟、鼓、碑、匾，琳琅满目。保存最完整的古代县城平遥，是中国汉民族在明清时期的杰出范例，曾是中国金融业的中心，四四方方的城墙、整整齐齐的街道布局，车水马龙，人声鼎沸，盛满了城市过往的浓厚记忆，被称为研究中国古代城市的活样本。

第二类是古建宝刹。“地上文物看山西”，山西是名副其实的中国古建筑宝库。古建与土木匠作、髹漆彩画、造像雕塑、琉璃烧造、模型搭建等文化遗产，共同构成类目齐备、保存完整的文化遗产体系，在我国乃至世界范围内独一无二，具有“时代最早、数量最多、类型齐全、形式优美”的特点。其中有梁思成眼里的“中国第一国宝”佛光寺；有我国现存最古老的木结构佛教建筑南禅寺大殿；有精美绝伦的元代水神庙壁画，有保存最完好的飞虹琉璃塔的广胜寺；有被誉为世界三大奇塔之一的应县木塔；有见证民族交融的华严寺；有国内现存布局最完整、规模最宏大的辽金佛寺善化寺；有悬挂在山崖峭壁上，佛、道、儒三教合一的独特寺庙悬空寺；有保存着中国古代寺观壁画巅峰之作的永乐宫；有现存最早的皇家园林，三晋历史文脉的重要载体晋祠；有始建年代最早、规模最大、档次最高、保存最全的关帝庙宇解州关帝庙。

第三类是考古遗址。从古人类文化遗址、帝都古城到陵寝墓葬，考古类遗址为研究中国文化源流，解开尘封历史提供了珍贵的实物资料。这一类包括了远古人类打制石器的现场，中国旧石器时代中期的代表性文化遗址丁村遗址；华夏文明的源头，被称为“最初中国”的陶寺遗址；展示盛衰交替晋文化的晋国始封地与早期都城曲村—天马遗址；晋国晚期都城侯马晋国遗址。

第四类是历史遗存。说不尽的人文，道不尽的故事。汇通天下的百年票号日昇昌旧址，几经风雨沧桑、几经商海沉浮；平型关战役遗址，代表了中国共产党领导的八路军正面抗日取得的首次胜利，极大地鼓舞了全国军民抗战到底的信心，提高了共产党和八路军的威望；华北抗日根据地的指挥中心武乡八路军总司令部旧址，曾是百团大战的发起地，书写了抗日军民浴血奋战、威震敌胆的英勇事迹。

从古人类文化遗址、帝都古城到宝刹石窟、险堡雄关、革命圣地……整个山西就是一部浓缩的中华文明史诗，见证着中华历史的沧桑演变，体现了中华文明的连续性、创新性、统一性、包容性、和平性。讲好山西国宝故事，是讲好中国故事非常重要的组成部分，也是传播好中国声音，铸牢中华民族共同体意识，向世界展现真实、立体、全面的中国的有益实践。站在新的历史起点，我们浸润于三晋大地的优秀传统文化之中，通过“第二个结合”，更加坚定文化自信，共同努力创造属于我们这个时代的新文化，建设中华民族现代文明，铸就中华文化新辉煌。

丛书编委会

P95

发现之光

P167

结束语

目录

绪言

晋国早期的都城在哪里？

叔虞封唐是不是在太原？

晋侯燮父有没有迁都？

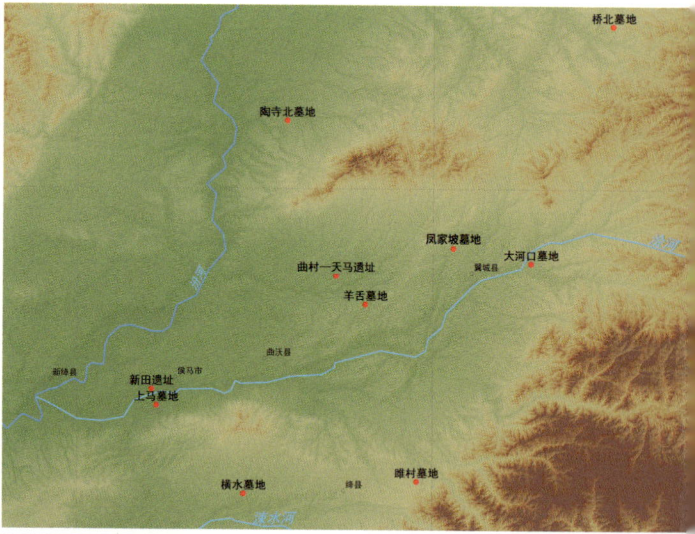

图一
曲村—天马遗址位置图

图二
曲村—天马遗址鸟瞰图（南向北）

图三
曲村—天马遗址鸟瞰图（西向东）

图一
图二 图三

曲村—天马遗址位于三面环山、西面临水的山西曲沃、翼城小盆地的西北部，北倚太岳山南部的名山塔儿山（一名桥山），南面汾水的支流滏河（图一—图三），遗址面积达 10.64 平方千米（未包括羊舌晋侯墓地，作为遗址重要组成部分的羊舌晋侯墓地位于滏河南岸）。

遗址范围内有山西省翼城县的天马，曲沃县的曲村、北赵、三张、羊舌，共五个自然村，主要发现北赵晋侯墓地、羊舌晋侯墓地、曲村墓地、居住生活遗址、作坊遗址等，包含新石器时代、西周、春秋、战国、秦汉、金、元、明各个时期的遗存，其中西周和春秋前期遗存是该遗址的主体遗存。通过多年来的发掘和研究，考古学家基本可以确定这里就是晋国早期的都城遗址。

在田野考古工作开展之前，对晋国历史的认识只局限于古书上的记载。晋国早期的都城在哪里？叔虞封唐是不是在太原？晋侯燮父有没有迁都？早期晋侯和晋国历史扑朔迷离，众说纷纭。解决这些问题的唯一途径就是田野考古学。虽然考古学在我国兴起于 20 世纪 20 年代，但由于种种原因，中华人民共和国成立前，晋国考古几乎是一片空白。直到20世纪50年代，侯马晋国遗址的考古工作才提上日程。1962年，国家文物局的谢元璐先生和山西省文物工作委员会侯马工作站的一些同志在调查中发现了曲村—天马遗址。之后，考古工作者对遗址进行了多次发掘。1996年，该遗址被国务院公布为全国重点文物保护单位。

晋国由来

晋国之名

山西简称“晋”，是因为在我国历史上的西周时期，曾经在这里分封过一个诸侯国——晋国。战国早期以后，晋国又分裂为三个国家——魏、赵、韩，史称“三晋”。“晋”作为晋国的专名，有一个历史发展的过程。晋国最初被周成王分封的时候并不叫“晋”，而是叫“唐”。其后迁徙分封到“晋”地，才改称晋国。“晋”本来是一个地名，后来才被用作国名。

晋国和三晋在地域上并不完全相同，三晋的地理版图加在一起远远大于晋国。即便是晋国，不同时期的疆域也不一样，总体上是由小变大的。但晋国和三晋有一个共同点，它们的核心区域很长一段时期都在今天的山西境内。

提到晋国历史，人们最先想到的可能就是赫赫有名的晋文公，因为他的称霸，晋国足足强大了一个半世纪，苟延残喘的周王朝也得以多延续了数百年。但晋文公的霸业并非其一个人的功劳，其中有很多历史条件和机遇，天时、地利、人和缺一不可。假若没有周王室的衰落，没有晋国早期的成功发展，没有小宗取代大宗的优胜劣汰，没有晋武公和晋献公的大举扩张，没有晋惠公的苦心经营，没有重耳智囊团的鼎力相助，没有表里山河的地理优势，仅凭晋文公个人的雄才大略是难以成就晋国霸业的。

正因如此，我们有必要对晋文公称霸之前的晋国历史进行一番梳理，而曲村—天马遗址作为晋国早期的都城遗址，是晋国早期的政治、经济、军事、宗教和文化中心，是我们认识晋国早期历史绕不开的一个重要所在。只有了解这一具有重要价值的遗址，才会对晋国早期的历史有更深刻的认识。

桐叶封弟

“桐叶封弟”的故事流传了两千余年。它讲的是年幼的周成王和他的弟弟叔虞在一起玩耍，周成王拿了一片桐树叶子，将它削剪成一端尖首的圭形，对叔虞说用这个封你。叔虞也是小孩子，当然是无可无不可。可是，站在一旁的史官却说“天子无戏言”，周成王没有办法，只好无奈地把叔虞分封到了唐地。这个故事很动听，也很有趣，因此千百年来在民间广为流传。

这个故事最早被记载在《史记·晋世家》中，由司马迁在民间传说的基础上加工而成。真实的故事应该是“翦唐封弟”或“削唐封弟”。周代的“唐”字在字形和字音上与“桐”字十分接近，西周以后，有好事者误把“唐”字错写或错认作“桐”字，由此演绎出一个“翦桐封弟”的故事。到了司马迁撰写《史记》的时候，这个故事已经广为流传，也可能早就被一些古书记载下来了，司马迁也不辨“唐”“桐”之别，把这个动听的故事堂而皇之地写成“桐叶封弟”。其实，这个故事完全是由一场误会演绎出来的。除此之外，还产生了“天子无戏言”的典故。

当然，这个演绎的故事背后隐藏着“翦唐封弟”的真实历史，是民间传说与真实历史间关系的一个剪影。曾有多位学者对这个故事进行过研究，著名古文字学家张颔先生就写过《“剪桐”字辨——析“桐叶封弟”传说之成因》一文，专门考证这个问题。但真实的历史并不影响人们继续将这个生动的故事讲得更动听，民间故事毕竟有它存在的土壤和强大的生命力。

那么，为什么要“翦唐封弟”呢？这就牵涉西周初年复杂的社会历史背景了。我们知道，西周王朝的建立者——姬姓周人，早年是服侍唐、虞、夏王朝的。夏代太康时，周人在中土无法立足，被迫跑到边远的山区与戎狄杂居。到了商代晚期，周人在太王古公亶父时期迁

《尚书·舜典》中记载：“帝曰：‘俞，咨，禹，汝平水土，惟时懋哉。’禹拜稽首，让于稷、契暨皋陶。帝曰：‘俞，汝往哉。’帝曰：‘弃，黎民阻饥，汝后稷，播时百谷。’”《史记·周本纪》中记载：“帝尧闻之，举弃为农师，……（帝舜）封弃于邰，号曰后稷，别姓姬氏。后稷之兴，在陶唐、虞、夏之际，皆有令德。……不窋末年，夏后氏政衰，去稷不务，不窋以失其官而奔戎狄之间。……公刘虽在戎狄之间，复修后稷之业，……周道之兴自此始。”《史记·匈奴列传》中也记载：“夏道衰，而公刘失其稷官，变于西戎，邑于豳。其后三百有余岁，戎狄攻大王亶父，亶父亡走岐下。”

居到周原一带，并在此苦心经营。《诗经·大雅·绵》记载：“周原膴膴，堇荼如饴。……自西徂东，周爰执事。”商朝末年，纣王帝辛四处征伐，穷兵黩武，朝政腐败。而“西土”的周人则看到了机遇，从太王的小儿子季历到文王，历代君主励精图治，发愤图强，以辅佐商朝的名义征伐戎狄，大举扩张。商王也感受到了威胁，但大厦将倾，风雨飘摇，为时已晚。周的都城在文王时迁到了“沣西”一带，成为伐商的前沿阵地。周武王伐商，牧野决战，商周更替。

据《汲冢周书·世俘解》记载，“（周）武王遂征四方，凡憝国九十有九国，……凡服国六百五十有二”。“小邦”周人面对商王朝的广大疆土，自然要分封诸侯进行统治，于是把神农氏的后人分封到焦国，把黄帝的后人分封到祝（铸）国，把帝尧的后人分封到蓟国，把帝舜的后人分封到陈国，把大禹的后人分封到杞国。又对功臣和谋士进行了分封，如封姜太公于齐，封周公旦于鲁，封召公奭于燕，封南宫适于曾，等等。不过这几位大员可能都没有亲自赴任，而是让其长子就封。此外，还分封了大量的王室子弟，以拱卫王畿，藩屏周室。这个时候，原归商王朝统治的位于晋南地区的唐国，也一定接受了周武王的重新任命和封建，只不过是史书缺载而已。

周武王册封唐国国君，仍然让他像以前那样统治其臣民，国号和人事都没有变动，只是重新确认了君臣关系。但周武王灭商之后没过两年就因病而亡，年幼的太子诵继位为周成王。因成王年幼，便由其叔父周公旦辅佐，这件事情导致周公被几位兄弟管叔、蔡叔等人猜忌和误会（管叔、蔡叔和霍叔本来是被封在殷都周围监视商纣王的儿子禄父的），此时商纣王的儿子禄父也看到了一线翻身的机会，于是他们几人就联合东夷起兵叛乱，由此引发了周初的一场战乱。无奈，周公率军东征，历时三年才平定叛乱，稳定了天下局面。据《史记·晋世家》记载，“唐有乱，周公诛灭唐”。我们推测，在这期间，唐国误判形势，也加入了叛乱的队伍，选错了边，站错了队，落了一个可悲的下场。

既然唐国被诛灭，那么就需要重新派人来统治这里，于是周成王将他的弟弟叔虞分封到了这里，史称“唐叔虞”。这就是叔虞封唐的历史背景。

叔虞功德

叔虞是晋国的开国之君，地位自然很高，享有后世所谓“太祖”之尊。《史记·晋世家》称其为“晋唐叔虞”，东周的青铜器铭文中称其为“皇祖唐公”。他是西周分封的第一位姬姓周人的唐国国君，与以前的唐国国君有本质上的不同，以前的唐国国君为祁姓，而唐叔虞是姬姓。唐国的人群构成也发生了根本变化，在原来唐人的基础上不仅增加了作为统治集团的周人，还增加了“怀姓九宗”的媿姓狄人。

关于唐叔虞的分封，《左传·定公四年》有记载，大意是分予唐叔大路之车、密须之鼓、阙巩之甲、姑洗之钟，授民怀姓九宗，并设五官之长，册命以《唐诰》文书，而封于大夏故墟。以夏人的政教统领唐人，以戎人的方法治理戎狄。

在《左传·昭公元年》和《史记·晋世家》《史记·郑世家》《吕氏春秋》等书中还记载了唐叔虞名字的来历。说周武王的妻子邑姜怀孕的时候做了一个有趣的梦，梦见天帝对她说：“我命你的孩子叫虞，将把唐地封给他。唐地属于参星的分野，他将在这里繁育子孙。”到了小孩生下来的时候，在他的手掌上有文字“虞”，于是就给他起名叫“虞”。成王灭唐后，就将他封到唐地。其实，这个记载是后来人编造附会的，目的是确立君主“天命神授”的合法性。这样的例子在古书中多有记载，但不过是统治者粉饰太平、掩盖真实历史的一种手段，欺骗民众的一套把戏而已，何足信耳！

唐叔虞是晋（唐）国的开国之君，自然不应该是一位小孩子。据记载，唐叔虞在被册封前已经能够“射兕于徒林”“左右武王”，说明他已经具备统治和领导一方的能力了，不然周成王和周公也不会把他分封到唐地。可是古书又记载，周成王年幼时，其父武王便去世了，这才有所谓的周公摄政。成王年幼，其弟唐叔虞不就年纪更小了吗？怎么能够“左右武王”，还分封到唐地来治理一方呢？我们认为，这种“幼”，可能主要指的是缺乏政治经验的“幼”，当然其年龄也不会太大，但也不至于像有些古书上描绘的那样，周成王尚在襁褓之中，那就显得颇为离奇和搞笑了。

唐叔虞来到唐国，自然要带领一定数量的周人过来，这些周人中不仅有贵族家族，还有各种工匠，同时还应该有护卫的“军队”，这样才能保障对土著唐民和新分给他的“怀姓九宗”的狄人的统治。从目前的考古发现来看，唐叔虞被封之唐的中心遗址并没有发现，唐叔虞及其他高等级贵族的墓葬也没有发现。那么，唐都究竟在哪儿呢?

晋祠祭祀

在今天的太原市晋源区汾河西岸的悬瓮山下有一个著名的游览胜地——晋祠。顾名思义，晋祠就是祭祀晋国先祖唐叔虞的祠堂。在这里有必要说一说晋祠的由来。

晋祠是什么时候建造的，其实并没有明确的记载。关于晋祠的记载最早见于《水经注·晋水》，“晋祠有难老、善利二泉”。再晚有流传至今的唐太宗李世民的“晋祠铭”。我们推测，晋祠最早是汉代兴建的。为什么这么说呢？我们知道，唐叔虞是姬姓周人，到春秋中期，晋国的曲沃小宗夺取了大宗的政权，但还是唐叔虞的后代，是姬姓周人。到三家分晋以后，韩、赵、魏三国之中，只有赵国是嬴姓，不是姬姓，而赵国最早的都城就建在晋阳（今太原）。赵国建立前，赵简子的一个采邑就在晋阳。再往前追，晋国最早与晋阳产生联系的记载是《左传·昭公元年》所载的中行穆子荀吴讨伐晋阳的无终之戎。而至迟在公元前497年赵简子已经开始经营晋阳。

赵国与晋国不是同一族姓，就说明不是出自彼此认可的同一个祖先。据古代文献记载，不是同族者不祭祀其祖先，即“神不歆非类，民不祀非族”（见《左传·僖公十年》），所以晋阳赵氏断然不会去祭祀姬姓周人，即不会去祭祀晋国的始祖唐叔虞。从这个意义上讲，春秋末期到战国时期，晋阳的赵氏是根本不可能建立晋祠的。但是到了汉代，史书中就有了唐在晋阳的说法，不仅唐在晋阳，燮父建立的晋国也被说在晋阳，如《汉书·地理志》太原郡晋阳条班固自注就说：“故《诗》唐国，周成王灭唐，封弟叔虞。”《史记正义》引《毛诗谱》《宗国都城记》和《括地志》等书以证其说，以至在此后千余年间，唐、晋之所在成为一个争讼不绝的学术公案。那么，唐和晋究竟在哪里呢？

疏公铜簋

疏公铜簋不是考古发掘出土的，而是被盗墓贼挖出来后转卖到香港的。2007 年，著名历史学家、考古学家朱凤瀚先生在香港市场上发现此簋后，征得收藏家同意，撰文将这件铜簋的相关情况发表在该年的《考古》杂志上。几经周折，2014 年，这件青铜簋被中国国家博物馆收藏。

疏公簋并不大，口径 18 厘米，高 12 厘米，但其内底所铸的一篇铭文却非常重要。铭文共 4 行 22 字，兹照录原文于下："疏公作妻姚簋，遘于王令唐伯侯于晋，唯王廿又八祀。五。"簋的形态与纹饰显然是西周早期的风格，同样形态的簋过去也有发现，因疏公簋的铭文中提到了"王令唐伯侯于晋"，很多学者都认为它应该出自曲村—天马遗址的贵族墓葬中（图一—图三）。

这篇铭文的意思是，疏公给他的妻子（姚姓鄀国的女子）定做铜簋，在制作这件簋的时候，正好遇到周王册命唐伯到晋地为晋侯这件大事。这件事情发生在周王

图二 | 图一

图三

图一 疏公簋

图二 疏公簋铭文

图三 疏公簋铭文拓片

二十八年。铭文最后的“五”字是疏公的族氏铭文，也就是我们过去常说的族徽，表明疏公是五族之人。这件簋上的铭文字数不多，但传递的信息量却很大，在考古学研究方面价值很高。

这件铜簋的铭文中究竟有哪些重要信息，能帮助我们解决哪些问题呢？实事求是地讲，这件簋其貌不扬，个体不大，做工略显粗糙，特别是工匠在铸造的时候还犯了一个不大不小的错误，将两个耳下垂珥的弯钩铸为向一侧弯曲，这与西周铜簋上簋珥一般呈向两侧弯曲的对称形式不同。这件器物公布以后立即引起了考古学家的高度关注，撰写的研究论文有数十篇，至今还有不少研究者在关注它。今后，凡研究晋国早期历史者，恐怕都绕不开这件疏公簋，可见它的学术价值之高。下面我们就来说说它的铭文信息。

疏公的“疏”，最初大家或释为“尧”，或释为“觉”，李学勤先生最后把这个字释为“疏”。疏公的“公”，一般被认为是尊称，而不是爵位“公侯伯子男”中的“公”，正如晋国的唐叔虞可以称“唐公”、燮父可以称“晋公”

一样。不过，“疏公”是生称，与“唐公”“晋公”这样的逝后尊称不同。因此我们认为，“疏”是一个国族或采邑的名称。这个“疏”极有可能是畿内的一个采邑，疏公是这个采邑的第一代采邑主，地位极高，或者就是王朝之“公”。疏公的妻子来自郪这个国族，郪是姚姓，位于今安徽省界首市一带。

疏公给他的妻子作器，正好遇到“王令唐伯侯于晋”这件大事。这里的“王”，肯定是指周王。通过考察器物的形制、纹饰及相关历史背景，大多数学者认为这个王就是周成王，唐伯就是唐叔虞的嫡长子燮父。叔虞封唐，其子继位称唐伯，很多学者据此认为唐叔虞封唐时也称唐伯，而非唐侯。也有人认为这个“伯”是排行，不是爵位。“侯于晋”的“侯”是动词，即到晋地做晋侯，这个侯具有军事戍边的作用。“王令唐伯侯于晋”是这篇铭文最重要的部分，说明唐伯转变为晋侯必须要经过周王的册命，而且唐和晋显然不是一个地方。也就是说，唐伯燮父转变为晋侯燮父，是一次迁封，而不仅仅是国号和称谓的变化。

因此，在疏公簋铭文发表以后，过去的一些文献记载和很多学者的认识都在一定程度上被颠覆，就连明末清初的著名学者顾炎武“窃疑唐叔之封以至侯缗之灭，并在于翼”的说法也靠不住了。北京大学著名考古学家邹衡、李伯谦教授等认为唐和晋都在曲村—天马遗址的观点，也不得不予以修正。至于班固等人提出的唐和晋在晋阳的说法，就显得更为离谱了。

“唯王廿又八祀”，是商末周初的一种纪年方式，就是周成王二十八年。整句铭文是说在周成王二十八年，周成王册命唐伯燮父为晋侯。“五”族的疏公为什么要记载这件事情呢？难道疏公和唐伯之间有什么关系吗？多位先生都推测疏公一族是属于唐或晋的一个族氏，原因是在北赵晋侯墓地发现过“五”族铜器。但进一步梳理相关材料后，我们发现，西周时期的“五”族铜器不仅见于晋国墓地，也见于绛县横水倗国墓地，而且横水墓地出土的“五”族铜器数量最多。另外，“五”族铜器还见于周原等地。所以我们认为，“疏”可能是畿内的一个采邑，其第一代采邑主称“疏公”，他的族氏与唐国、晋国及倗国有一定的往来关系。或许疏公作为王室重臣亲自参与或见证了“王令唐伯侯于晋”这件大事，因此他在制作这件青铜器的时候专门记载了此事，成为纪年的重要佐证。

当然，周成王二十八年的纪年，也纠正了过去的一些认识。例如“夏商周断代工程”就认为周成王在位 22 年，在今天看来，这显然是不正确的，周成王至少在位 28 年。同时，根据这件铜簋的纪年，我们还能推算出唐叔虞和燮父可能在唐地立都 37 年。这件疏公簋的铭文对我们解决很多历史问题起到了关键性的作用。那么，叔虞所封的唐地在哪里？晋地又在哪里呢？

唐国何在

据文献记载，唐在“大夏之虚”。这个“大夏之虚”泛指今天的临汾、运城地区。司马迁在《史记·晋世家》中记载：“唐在河、汾之东，方百里。”历代学者对这句话有不同的解释。河、汾当然是指黄河、汾河，大家均无异议。不同的是，有人将其理解为唐在黄河以东与汾河以东，故不限于汾河以东，强调不能忽略汾河下游黄河以东的区域，即其一部分在汾河以东的临汾盆地，一部分在黄河以东的运城盆地。大多数学者则将其理解为黄河支流汾河以东的“方百里”区域。“方百里”说明唐国初封时的地理范围并不大，虽然在当时算是大国，但我们今天的研究者往往以东周的晋国来认识西周的晋国，认为西周晋国实力雄厚、国力强盛、面积很大。其实这是不切合历史实际的，因为这样的认识脱离了当时的历史和社会背景。

西周时期，国族众多，人口稀少，周王每分封一个诸侯国,都要举行隆重的册封仪式,要“授民授疆土”。为什么呢?因为在当时人口是第一生产力，没有人口，就谈不上农业生产这个经济基础；没有人口，就谈不上国家的综合实力；没有人口，一切都无从谈起。在比较原始的农业社会，人口是非常重要的资源。即便到了春秋晚期，晋国上卿赵简子与亲族邯郸赵氏还为了争夺“卫贡五百家”（卫国贡献给赵简子的五百家人口，暂存邯郸，而后邯郸赵氏要赖不付给赵简子）而大打出手，发动了一场长达八年的战争，可见周代人口的重要性。争夺人口，其实就是在争夺生产力，争夺战略资源。

“方百里”在今天看来也没有多大，即便按今天的里程换算，也不过方圆五十公里，也就是说，从中心到四至的距离为二十五公里，何况古代的里比我们今天的里还要小。总之，唐国的范围并不大。西周到春秋时期，国界不像后世那样界线明确，边界也不用驻守士兵和军队，因为当时没有那么多的人口，且地域广阔，客观上也不需要。

晋国的中心“晋”，已被考古发现证实在曲村—天马遗址，唐和晋既然不在一地，唐就不可能在曲村—天马遗址。那么，唐地在哪里呢？关于这一问题，历史上至少有七种说法。最早的说法见于东汉班固的《汉书》，认为唐在晋阳。现在看来，他的说法并不正确。此外，还有东汉服虔的“汾浍之间”说，后来的“翼城”说、“乡宁鄂地”说、“霍州永安”说、“临汾平阳”说、“夏县安邑”说等。除了晋阳说，其他几种说法都指向晋南。考古学家通过研究，认为这个唐地可能在今临汾盆地。有学者怀疑洪洞县的坊堆—永凝堡遗址可能是唐都（据《世本》记载，唐的都城叫鄂）所在地，但这个说法在考古学上还没有得到最后的证实，相关证据目前看来并不充分。

唐国的都城和叔虞及其他贵族阶层的墓葬，都还有待考古发现来确认。但坊堆—永凝堡遗址的重要发现，如商代晚期的陶器、西周早期的文字卜骨、随葬三鼎的贵族墓葬等，都表明这里不是普通的遗址。遗址的地理位置又踞“河、汾之东”，即便不是唐国的中心，也是西周时期某一封国的都城遗址，有学者认为是杨国，相关的考古工作还有待继续开展。

可以肯定的是，唐都鄂不会在今天的乡宁县一带，因为乡宁县的鄂河在汾水以西，而且至今在乡宁县也没有发现一处晚商或西周时期的遗址。我们知道，晋国有个鄂侯，之所以有此称，是因为他在与曲沃小宗斗争的过程中，因敌兵逼近，害怕被杀，被迫出逃到随地，而后其子哀侯即位，他暂时回不去了。后来，晋国的贵族把他从随地接回来，送到唐国的故都鄂地居住，直到终老，此后便得了“鄂侯”这个称号。幸运的是，在大宗与小宗 67 年的内战期间，他是唯一免于被杀的晋侯，其他五位晋侯——昭侯、孝侯、哀侯、小子侯、晋侯缗，全部被小宗杀害。

其实小宗和大宗的血缘关系并不远，晋穆侯是其共祖，文侯与成师（即曲沃桓叔）是亲兄弟，其后晋昭侯封其叔父成师到曲沃，由此揭开了内战的序幕。为了争夺权力，曲沃小宗不顾血肉亲情，主动挑战，翼城大宗被迫应战，小宗和大宗进行了长达 67 年的血腥内战，投机的周王室和周边很多国家都被卷入这场战争，给晋国老百姓带来了巨大的痛苦和灾难。

发现晋国

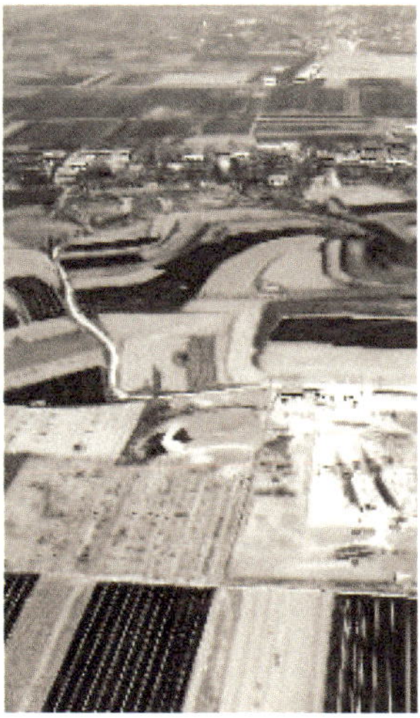

晋在何方

晋在曲村

何以为都

晋山晋水

谈到晋国的发现，我们首先要说北京大学的邹衡先生。他是论证和确定曲村—天马遗址性质的第一人，是他带领团队挖出了一个早期晋国遗址。但凡了解一点中国考古学的人，都知道邹衡先生是一位伟大的考古学家，他为夏商周考古学构建了发展体系，在夏商周考古和考古学方法论等多个领域都有突出的贡献（图一）。他的《夏商周考古学论文集》中的每一篇论文都堪称经典。这里我们只谈他在早期晋都的发现和晋文化研究中的贡献。

他在 1979 年就带领师生对曲村—天马遗址及晋南的其他几处晋文化遗址进行了实地调查。依据遗址的规模、文化层堆积厚度及遗存的丰富程度，他筛选出四处较大的晋文化遗址，分别是翼城县与曲沃县交界处的曲村—天马遗址、洪洞县的坊堆—永凝堡遗址、翼城县的苇沟—北寿城遗址和故城遗址。他认为这几处大遗址都可能与晋国早中期的都城有关，根本的原因就是遗址的规模大、堆积厚、遗物多，当然年代也是与西周和春秋时期相契合的。经过进一步研究，他最终选定了曲村—天马遗址作为北京大学考古专业学生的实习基地。

经过北大和山西省考古研究所在曲村—天马遗址的初步发掘，1982 年，邹衡先生在他的文章中写道：“（天马—曲村）

遗址在西周初期就已兴起，发展到繁盛时期是在西周晚期至春秋初期，而到春秋中晚期至战国早期，却又陡然衰歇下来……天马—曲村遗址和苇沟—北寿城遗址的发现，自然就为寻找晋国的旧都——‘故绛’提供了极其重要的线索。……尤其是今在此二县（洪洞县、翼城县）内发现了坊堆—永凝东堡、苇沟—北寿城、故城村和天马—曲村四处大规模的早期晋文化遗址，山西境内他处尚未有类似规模的遗址发现。因此，我们认为，霍山以南、绛山以北、汾水以东、浍水以西方圆百数十里的范围内，很有可能就是《晋世家》所谓‘方百里’的晋始封之地。”这个认识至今依然是大体正确的。这是他带领北大师生和山西省考古研究所的同仁一起，自1979年至2000年以后，在曲村—天马遗址进行了若干次田野考古调查所取得的巨大成绩。

邹衡先生主编的四大本巨著《天马—曲村（1980—1989）》，2000年由科学出版社出版（图二）。这部著作内容丰富、编著科学、资料刊布全面，是一部具有里程碑意义的考古巨著，集中体现了邹衡先生的部分学

图一
图二

图一
邹衡先生

图二
《天马—曲村（1980—1989）》报告书影

术思想和认识，至今在考古报告编写体例与思想方面都具有指导意义。

另外，他还发表了关于晋侯墓地和曲村—天马遗址的若干论文，特别是对曲村—天马遗址的分期和年代的认识，为晋文化研究确立了框架和标尺。

1991 年发现、1992 年发掘的晋侯墓地，再次有力地证明了邹衡先生学术论断的正确性，即曲村—天马遗址就是晋国早期的都城遗址。在晋文化，特别是在早期晋文化的发现与研究方面，邹衡先生不仅具有开拓之功，还领导并亲自进行田野调查、发掘、整理资料、编写报告，并撰写研究论文。其亲炙弟子刘绪先生在文章中回忆说，邹衡先生为了保证《天马—曲村（1980—1989）》报告编写工作顺利进行，从 1988 年下半年到 1993 年初，近 5 年时间，常年驻守曲村。1990 年初，为抓紧时间整理，他和李伯谦先生春节期间仍坚持在曲村驻地工作。后来，为了整理《天马—曲村（1980—1989）》报告，邹衡先生又在北大办公室支床住了两年。他的学者风范和学术精神永远值得我们学习！

曲村—天马遗址是1962年发现的，当时在曲沃县曲村镇毛张村（现三张村）附近发现了一座战国至汉代的古城址，1963年对其进行了调查和试掘，初步确定这是一处大规模的以西周晚期遗存为主要内容的遗址，此后长期没有在这里进行考古工作。1979年秋，北京大学历史系考古专业山西实习组与山西省文物工作委员会合作，在邹衡教授的带领下，为寻找晋国古都，在山西省南部的翼城、曲沃两县境内进行了普遍调查，最后选定了曲村—天马遗址，进行重点复查与再试掘工作。

这次调查和试掘，基本上搞清楚了遗址的分布范围，遗址东西长约3800米、南北宽约2800米；明确了遗址的文化内涵及其年代，文化内涵包含仰韶文化、龙山文化、东下冯文化、晋文化，年代从新石器时代延续到战国、秦汉时期及以后。这些认识为后续工作打下了坚实的基础。

从1980年起，曲村—天马遗址被确定为北京大学学生实习基地，北京大学考古专业的学生每隔一年来这里进行一次田野发掘实习，到 1989 年共进行了六次发掘（图三—图八），发掘面积共计 16000 余平方米，其中居住生活遗址 3700 余平方米，其余均为墓地。

曲村墓地发掘的 600 多座墓葬中，有 47 座青铜礼器墓葬。在发掘过程中，出土器物其实已经印证了邹衡先生的判断，即该遗址属于晋国早期的都城遗址。例如，6384 号墓葬中出土了一件带有“晋”字铭文的“晋中韦父”铜盉（图九—图一一），这个“晋”显然是国族名，“中”即“仲”，是排行，有次子的意思，“中韦父”是这个男性贵族的字。

1991 年，北赵村南的晋侯墓地被盗，考古人员随即展开了抢救性勘探和发掘工作，发现这里有一处 22000 余平方米的墓地，大多数墓葬都带有长斜坡墓道。晋侯墓地的发现，再次雄辩地证明了晋国早期的政治、经济和文化中心——晋都就在曲村、天马一带。前述疏公簋铭文中的“王令唐伯侯于晋”的“晋”的中心就在这里，不在太原，也不在其他地方。

2005 年，在晋侯墓地的东南、滏河南岸，因被盗又

图三 — 图四 — 图五

图三 参加 1980 年发掘工作的北大师生合影

图四 参加 1982 年发掘工作的北大师生合影

图五 参加 1984 年发掘工作的北大师生合影

图六—图七—图八

图六
参加1986年发掘工作的北大师生合影

图七
参加1988年发掘工作的北大师生合影

图八
参加1989年发掘工作的北大师生合影

图九

图一〇 图一一

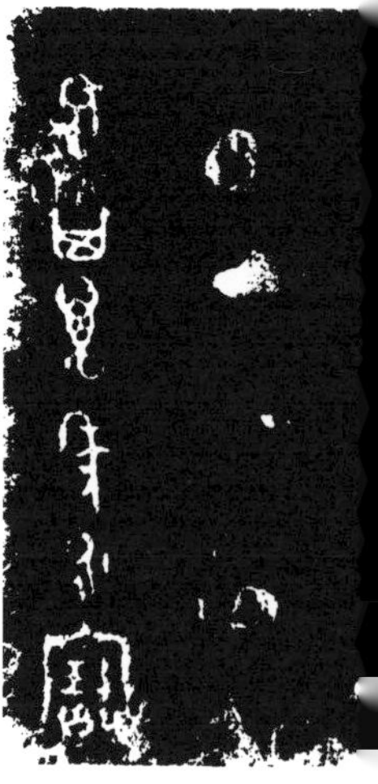

图九 「晋中韦父」盉

图一〇 「晋中韦父」盉器盖铭文拓片

图一一 「晋中韦父」盉器口铭文拓片

发现了一处新的晋侯墓地——羊舌晋侯墓地。勘探和发掘结果表明，这处晋侯墓地的年代与北赵晋侯墓地相衔接，再次确证了曲村—天马遗址就是晋国早期的都城所在地。于是，千余年来争讼不决的晋国早期都城遗址终于在曲村—天马遗址尘埃落定。

此前，我们已知晋国晚期的都城新绛在今天的侯马市（古称新田），但是晋国中期的都城遗址——故绛，至今也没有发现，其间八代国君及其家族的大墓也没有着落。虽然邹衡先生坚持认为故绛也在曲村—天马遗址，但从已发掘的居址和墓葬来看，这个说法还不能得到证实，这或许和发掘区域有一定的关系，或许是故绛另有所在。无论如何，晋国的核心区域位于汾河以东浍水两岸的小盆地中，这一点是可以肯定的，也进一步确证了东汉学者服虔的“汾浍之间”说。

晋在曲村

唐叔虞的嫡长子燮父，在周成王的册命下，由唐国改封到晋国，将都城从唐都鄂迁到了晋都翼，这在传世文献中有不少记载，也得到考古发掘和出土青铜器铭文的佐证。曲村墓地 M6384 出土的“晋中韦父”盉，是曲村—天马遗址首次发现的带“晋”字铭文的青铜器。在曲村墓地 M6214 出土的觯上还发现有铭文“新邑”，或与燮父迁都有关（图一二、图一三）。

但在遗址发现之初，考古学家大多认为曲村—天马遗址不仅是晋都所在地，也是唐都所在地，即认为晋国的始封地唐的中心遗址也在这里。其主要的证据是曲村墓地贵族墓葬的年代可以早到周成王册封唐叔虞时期。这样的认识并非没有矛盾之处，因为据文献记载，唐在晚商时期即已存在，唐叔虞所都的鄂，即是晚商时期旧唐的故都，那么唐都应该存在晚商时期的遗迹和遗物才是，可是在曲村—天马遗址虽然发现了大量仰韶时期的遗存、龙山时期陶寺文化的遗存、夏时期二里头文化的遗存及周代、汉代和更晚时期的遗存，却唯独没有发现商时期的遗存。因此，

图一二

曲村—天马遗址 M6214：50 叔觯

图一三

曲村—天马遗址 M6214：50 叔觯铭文拓片

图一二

图一三

把这里说成是唐都所在地，至少和传世文献记载是难以契合的。

随着 2007 年疏公簋的面世，考古学家们才明确认识到唐和晋不是一地，燮父由唐徙晋，身份由唐伯转变为晋侯，是历史上确实发生过的事实。东汉的大学者郑玄在《毛诗谱·唐谱》中所说的“成王封母弟叔虞于尧之故墟，曰唐侯。南有晋水，至子燮，改为晋侯”，说的只是改国号，而非徙封。班固《汉书》所说的晋水是指太原的晋水，由此说晋也在太原的晋阳。南北朝人徐才的《宗国都城记》也有“燮父徙居晋水傍”的说法。现在看来，晋水在晋阳这种说法是根本不牢靠的，至少这些记载反映的不是西周初年的情形。正如邹衡先生所言，最早的“晋水”可能就是曲村—天马遗址南边的滏河。

疏公簋的发现不仅证实了唐和晋不是一个地方，燮父曾迁过都，还证明了《竹书纪年》上所说的“唐迁于晋”是可靠的，而且簋铭“唯王廿又八祀”对“夏商周断代工程”所推定的周成王在位 22 年提出了挑战，为西周王年的研究提供了重要的新资料。

当考古学家认识到唐地不在曲村—天马遗址，而是另有所在后，反思曲村墓地出土青铜器墓葬的年代，发现当年将一批墓葬的年代上限定得偏早了。为什么会形成这样的状况呢？

曲村—天马遗址的面积为 10.64 平方千米，仅西周时期的遗址面积便有 6 平方千米。曲村墓地规模很大，据邹衡先生估计，埋藏的墓葬不下 2 万座。在发掘的 600 多座墓葬中，青铜器墓葬有 47 座，基本上都属于西周时期。遗址的生活居址区发现了铸铜用的陶范和其他手工业作坊生产的遗物，如大量的石刀、骨笄和陶纺轮等。

考古学家在确定墓葬年代时可能更重视的是墓葬中青铜器的年代，而忽视了陶器的排序和年代，以青铜器的年代为标准来确定共存陶器的年代，进而推断陶器墓葬的年代，因此造成了墓葬年代上的整体错位，将一批墓葬的年代上限定得偏早了一个阶段。吉林大学的王立新先生曾经写过一篇文章，主张曲村—天马遗址是晋而非唐，探寻唐都应该注意坊堆—永凝堡遗址，的确是很有见地的认识。

既然曲村—天马遗址已被证实是晋国早期的都城遗址，那么都城在哪里呢？

随着北赵晋侯墓地的发现，曲村—天马遗址就是晋国早期的都城遗址得到大多数学者的承认，但并非没有质疑的声音。有人认为这里应该是像晚期一样的守陵邑，而不是都邑，因为这里并没有发现城墙、城壕、宫殿和宗庙建筑遗迹等都城的几大要素，都城不应该在这里，而应该到曲村—天马遗址以外的其他地方去寻找。这种质疑乍一听似乎有一定的道理，特别是目前并没有发现大型建筑基址或古代城墙设施，怎么能说这里就是晋国早期的都城遗址呢？

在我国古代，都城既是一个国家的政治、经济和文化中心，又是国家高级贵族聚集的地方，更是一个国家的中枢与核心。那么，都城是否一定要有城墙呢？为什么要有城墙呢？文献有明确记载，“筑城以卫君，造郭以守民”，当然这是战国时代人们的看法。从考古发现来看，不少古城遗址和环壕围绕的聚落遗址属新石器时代遗址。如湖南常德市澧县的城头山遗址，距今6000年前便开始筑城，是我国目前发现的年代最早、保存最完整的古城遗址。浙江上山文化的桥头遗址，发现距今 9000 年的环壕聚落，是我国目前发现的最早的环壕聚落遗址。大家十分熟悉的西安半坡遗址、临潼姜寨遗址，都是环壕聚落遗址。这样的环壕聚落遗址有很多，像近年发现的仰韶晚期的河南郑州双槐树遗址、青台遗址等，都有内外三重环壕。到了龙山时期，在河南、山东、浙江等省都发现了很多地面上筑墙的规模巨大的古城遗址，如山西襄汾的陶寺遗址、陕西神木的石峁遗址和浙江杭州的良渚遗址，都是有内外数重城垣的大遗址。

环壕，就是围绕遗址向地面以下挖出的壕沟，有的遗址是一重壕沟，有的遗址有内外数重壕沟。环壕与城墙一样，都起到围护和防御的作用。这种环壕可能就是城墙的前身，但它毕竟不是凸出地面的城墙，因此还不能把二者视为同样的物质遗存。

一般来说，高级贵族居住在古城的内城中，即所谓的小城或宫城；一般贵族和平民则居住在小城之外的大城中，即所谓的郭城。当然古城不都是这样的模式，总有不少例外的样式，比如夏时期的二里头遗址便只有小城，而没有发现大城；商代早期的偃师商城是“大城套小城、小城套宫城”的模式，三重城垣，重心在大城的南部；商代晚期的殷墟遗址只有“大灰沟”围绕的所谓“宫城”，而没有发现外郭城（近年来的考古工作发现这个“大灰沟”可能不存在，而是误将很多相套连的大坑判断为“大灰沟”了，相关考古工作正在进行中）；西周的丰镐遗址虽然发现了不少宫殿和宗庙的建筑基址，但没有发现城墙的迹象；战国时期的河北邯郸赵王城的大城、小城不在一起相套，而是分列为二，各自独立，大城在小城的东北面。

中国社会科学院考古研究所的许宏先生有一个著名的说法，叫作“大都无城”。他认为大型都邑可能是不需要大城的。但是，我们知道，新石器时代晚期的浙江良渚遗址、山西陶寺遗址和陕西石峁遗址等都发现了凸出地面的城墙，而且规模都比较大。除了石峁遗址的城墙是用石块垒砌的，其余二城的城墙都是用泥土夯筑起来的。二里头遗址和殷墟遗址虽然没有发现大城，但小城或宫城的确是存在的，殷墟的“大灰沟”其实就具有小城的功能。丰镐遗址多年的考古工作比较扎实，进行了普遍钻探和调查，的确没有发现城墙遗址。但据文献记载，丰镐和洛邑都应该有城，特别是近年周原古城址的发现，基本上否定了“大都无城”的说法。相较之下，曲村—天马遗址的普查工作比较薄弱，特别是居住生活遗址的发掘面积很小，在没有发现大型宫殿和宗庙遗址的情况下，我们不能轻易地说曲村—天马遗址不存在西周城址。

根据曲村—天马遗址发现的铸铜、制石、制骨、制陶等手工业作坊，以及北赵和羊舌晋侯墓地、曲村墓地等，结合对遗址面积和规模的分析，我们已经认识到这里是一处都城遗址。北京大学邹衡先生在早年的推论中把这里定性为晋国早期的都邑是可信的，只不过还需要我们在这里继续做深入细致的工作。

山西，据古代文献记载，属冀州之域，春秋时期被冠以“表里山河”之称，这里主要指的是晋国的核心地区晋南一带。据《左传·僖公二十八年》记载，城濮之战前，晋文公犹豫不决，晋国大臣、文公的舅父子范曰：“战而捷，必得诸侯。若其不捷，表里山河，必无害也。”《史记·郑世家》云：“成王封叔虞于唐，其地阻险。”清代顾祖禹在《读史方舆纪要》中对临汾平阳府也有精彩的描述：“东连上党，西略黄河，南通汴洛，北阻晋阳。宰孔所云：‘景霍以为城，汾、河、涑、浍以为渊。’……柳宗元曰：‘晋之故封，太行倚之，首阳起之，黄河迤之，大陆靡之。’盖地大力强，所以制关中之肘腋，临河南之肩背者，常在平阳也。”当然，西周时期晋国的势力范围到底有多大，也是一个问题。我们知道唐叔虞初封之时是“河、汾之东，方百里”，其子燮父被改封到晋，冠以“侯”爵，其所辖地域范围有多大，其实并不明确。只是从考古发现来看，其辖地和唐叔虞初封之时应该差不太多。旧唐地是否仍由晋人把控，目前尚不清楚。

曲村—天马遗址位于山西省南部临汾市曲沃县东北，翼城县正西略偏北。遗址的主体部分在曲沃县境内，属曲村镇所辖，翼城县仅天马村处于遗址范围内。遗址位于一个相对独立的小盆地中，北面为太岳山的南部山峰塔儿山，又称桥山、崇山；东部为太行山的一部分，称东山或乌岭山；南面为太行山的余脉翔山（一名浍山、浍高山）、绛山（一名紫金山）；西面比较开阔，形成簸箕形或圈椅形盆地。盆地间有两条主要河流，一条为南侧的浍河，一条为偏北部的滏河，都自东向西注入汾河。

这个区域中有绛山，也有绛水，究竟是先有绛山、绛水，还是先有晋都的名字“绛”，见仁见智。一般来说，在文明形成较早的古华夏之域，地名、山名和水名起源较早，都邑的名字随地理名称而命名，正如晋国之“晋”，原本为地名，后因“王令唐伯侯于晋”而以“晋”为国名。虽然目前尚未发现晋国中期的都城和大型贵族墓葬，但很可能也在绛山、绛水所在的这个盆地的区域之中。

有趣的是，郑玄的《毛诗谱》说燮父因尧墟南有晋水而改国号为晋。徐才的《宗国都城记》记载：“唐叔虞之子燮父徙居晋水傍。”以为此晋水在太原晋阳，燮父因晋水改国号为晋。过去也有学者认为晋水就是绛水，还有人认为晋水是浍水，甚至有人提出晋水是涑水。我们认为，在曲村—天马遗址被确定为晋国早期的都邑后，邹衡先生所认为的滏河可能即是晋水是很有说服力的。滏河又叫天井水，谐音与晋水可通。曲村—天马遗址位于滏河北岸，按照水北为阳的说法，若滏河是晋水，则曲村—天马遗址所在地即可称之为“晋阳”。也就是说，晋国早期都城所在地在古代可能就被称为“晋阳”。这或许就是班固将“晋阳”误植于太原晋阳的主要原因。

其实，“晋阳”一名在太原出现较晚，而在晋南出现较早。战国时期，今永济市一带曾有“晋阳”地名，文献记载有秦人伐魏晋阳，在这里还发现“晋阳”布币。“晋阳”这一地名可能随着晋国在春秋晚期的扩张，封赵氏采邑于太原，而被带到太原。后来，晋南地区的“晋阳”地名渐渐淹没于历史的尘埃中，而太原的“晋阳”随着太原地位的逐步提升而愈加凸显。这可能就是后来史学家误认的一个重要原因。无论如何，西周时期的晋国与太原晋阳毫不相干，直到春秋晚期，晋国才扩张到那里。

早期晋都

华戎杂居

安居乐业

手工产业

宗教活动

灰坑之用

生活艺术

生养死葬

华戎杂居

华夏与戎狄，是不同人群的概念，是以中原地区为中心的人群对己群和他群的一种叫法。“华夏”一词究竟起源于何时，历史文献学家和考古学家有不同的看法，即便是两家内部，认识也不一致。“华夏”一词目前最早见于《尚书·武成》，“华夏蛮貊，罔不率俾，恭天成命”，意思是华夏诸侯与南蛮、北貊之族无不相从，奉行上天伐纣成命。记载的是商末周初武王伐纣时的事情。实际上，华夏族群的形成，或者说己群与他群的分野，肯定要早得多。

考古学家一般认为，仰韶时代庙底沟文化时期，以中原为中心的华夏族群已经形成。当然，这个族群并不是一个单纯的血缘集团，其中既有古中原土著居民，也有不断向中原迁徙的四方之民，从而融合为血缘成分越来越复杂的人群。所谓“戎狄”“蛮貊”，则是华夏族群对自己周边诸族群的称呼。

一般而言，狄人多处于北方，戎人多处于西北方，夷人多居于东方，貊人在东北方，蛮人在南方。但“戎”“狄”“蛮”“夷”

这些称谓并非泾渭分明，常常可以互称或混称。如青铜器铭文中常把淮夷称为“戎”，狄人和戎人也常常混称“戎狄”。二者也可互称，戎、狄的分界线并不十分明确。蛮、夷也是一样。

上古时代，民族迁徙也是双向的，四方之民向华夏迁徙，传统的华夏之民也向四方迁徙。例如《括地志》引《尚书》云：“成汤伐桀，放于南巢。”《周书·作洛解》就记载商纣王之子武庚“禄父北奔”。周人的祖先不窋在夏王朝太康的时候丢失了袭自后稷的农官职位，“自窜于戎狄之间”。考古发现表明，秦人的祖先也是从东方的商文化圈迁徙到西垂去的；周灭商以后，将不少殷遗民迁徙到西北地区（今宁夏、甘肃一带）。《穆天子传》中也有将殷遗民或周人封在北方和西北地区的记载。

《左传·定公四年》记载：“分唐叔……怀姓九宗，职官五正。”可见分封唐叔虞时，唐国至少由三群人员组成，分别是唐叔虞带来的周人、唐遗民和怀姓九宗。这三群人内部未必都是同姓族群。由于各族群都是在一定的历史时期形成的，其族群的地缘性成分与血缘性成分交融，十分复杂，也就是说每个族群内部未必都是同姓，其中应当包含不少异姓族氏。正如我们一般所说的周人，就不都是姬姓，而是以姬姓族群为主体的包含姬、姜、姞等族姓人群的综合体。

武王灭商，成王定之。在这个过程中，周王不仅分封了大量贵族，也对人民进行了大迁徙，不仅周人被分徙到各地，各地土著族群中的贵族家族也被分化迁徙，以便巩固周王室的统治地位。周人灭商后，本来将商遗民交给商纣王的儿子禄父治理，但不久就发生了叛乱，后来周人将很多商遗民迁徙到洛阳、周原等地进行监管，又把一部分商遗民分给鲁、燕等诸侯国进行管理，还把一部分商人迁徙到西北边境地区进行“实边”。

唐叔册封时，授民有“怀姓九宗”，即“媿姓九宗”，实际上就是九宗媿姓之人。我们知道，媿姓是狄人中赤狄的姓，这里的“怀姓九宗”，显然指的是唐国或晋国统辖的狄人。这些狄人就是赤狄，有的研究者认为，鬼方是赤狄的祖先，可能在商王武丁大规模征伐鬼方之后就被迁居到了中原，因此他们受到商文化的强烈影响，以至于到了西周时期还保留着商人的埋葬习俗，如腰坑、殉狗、殉人和俯身葬等。也有学者认为，这些狄人是周王季历所俘获的“二十翟（狄）王”的后代。但从考古学的角度看，这二十狄王的族群不可能在季历和文王二代这么短的时间内受到商文化如此强烈而深刻的影响。

无论如何，中原华夏与戎狄之争，是先秦时期社会的主要矛盾。矛盾产生的根本原因，可能是其基于文字基础上的文明化程度不同。富庶地区与贫瘠山区农业经济的差异，为了土地、人口、物产等战略资源而不断进行的争夺，都是华夏与四夷，特别是华夏与戎狄间存在矛盾的主要原因。但是，文字记载表明，自商王武丁，甚至更早的王亥、上甲微以来，中原华夏与四夷之间不仅有战争，也有和平。四夷和华夏的关系，有长期为敌者，也有时叛时服者，更有被彻底同化或迁入中原与华夏族群逐渐融合为一体者，晋国的“怀姓九宗”即属于后者。“怀姓九宗”逐渐由狄人身份转变为商王朝统辖下的商人身份；周灭商后，又转变为周人统辖下的殷遗民身份；其被分赐给唐叔虞后，又转变为唐国人的身份；随着“唐伯侯于晋”，又转变为晋国人的身份，逐渐成为华夏族群的一分子。他们这些戎狄与北方地区长期居于山区的戎狄又不相同，他们接受中原文化，接受商周礼仪和习俗等，但仍然保留本族群的一些传统习俗。他们与唐遗民和周人能够生活在一个大聚落中，埋葬在一个大墓地内，又在一定的范围内保持“聚族而居”“聚族而葬”的习俗。这种现象不仅见于西周时期的曲村—天马遗址，也见于春秋时期的上马墓地。

曲村—天马遗址中，北赵晋侯家族墓地位于曲村墓地以东约1200米处，相对独立。曲村墓地则是由头向北、头向东、头向西的多群墓葬组成的大墓地，各种头向的人群基本上都有各自相对固定的埋葬区域，虽然彼此间难免有犬牙交错的现象，但从整体上来看，区域间是可以划分出明显的界线的。

这种现象在春秋时期的上马墓地依然存在。上马墓地以头向北和头向东的两大墓群为主。墓地的贵族墓主都是头向北，集中埋葬在地势较高的北部区域；北向和东向的平民墓葬大致各有自己的埋葬区域。这种现象说明华夏族群与其他族群可以杂居共处，逐渐融合为一体，成为新的华夏族群。

大家都知道晋惠公迁陆浑戎到伊川的故事，《左传·僖公二十二年》记载：“秋，秦、晋迁陆浑之戎于伊川。”这其实就是华戎杂居的典型实例。西周王朝实际控制的势力范围并不大，西至甘肃东部和宁夏南部、汉水以东；中部有陕西的渭河流域、晋南和晋东南地区、河南地区；北沿太行山以东到燕山以南的北京一带；东到大海，东南到江苏无锡一带；南到长江以北。在这个范围内，杂居着不少戎狄，例如徐戎、南淮夷，渭河流域北部的戎狄，太行山中南部的驭戎，晋南的条戎、奔戎、皋落狄、姜氏之戎，山东的宿夷、莱夷，等等。到了春秋战国时期，随着中原诸侯国的扩张，戎狄逐渐被吞并，他们不再出现于文献记载中，逐渐被中原华夏所同化。

由此可见，“华夏”就是一个大熔炉，华夏族群不是一个固定不变的族群，而是一个动态的发展变化着的族群，是一个不断有新的族群汇入并被同化的族群。华夏族群是更具文化地理意义的族群概念，而不是血缘性的生物学意义上的概念。当然，这个族群在接纳其他族群的同时，也不断向外迁徙和溢出，把华夏文化向外传播，并与当地土著逐渐融合，使得华夏族群的规模不断壮大，华夏族群内部人群构成的复杂性可想而知。

安居乐业

英国考古学家皮戈特曾经说过，“考古学是一门研究垃圾的学科”。这话虽未必正确，但也有一定的道理，因为除了墓葬，考古学研究的对象大都是废弃的遗迹和遗物，有的甚至经过多次搬迁、使用和废弃。自新石器时代以来，人类一般都是聚群而居，因此会形成村落或城镇，这就是所谓的聚落。人们在聚落中居住、生活、生产，死后要埋葬，因此会形成居住的房屋、贮藏物品的窖穴、制造工具和用具的作坊、提供生产生活用水的水井等。他们还有精神需求，会进行祭祀和盟誓，形成宗教信仰遗存。为了生存，一群人在某一区域内会留下一批遗迹、遗物。这一群人及其后代在不同的时代会留下不同时代的遗迹、遗物。不同的人群在这里交替生存，就会留下不同时代不同人群的遗迹、遗物。一代代人生息繁衍、迁徙更替，聚落的兴废就不会停止。

曲村—天马遗址面积为 10.64 平方千米，其中西周时期的遗址面积约为 6 平方千米，目前考古发掘了 16000 余平方米，其中居住遗址 3700 余平方米、墓地 12000 余平方米，发现了各时期的房屋遗址 6 座、灰坑 263 个、陶窑 9 座、灰沟 16 条、道路 1 条、水井 8 口、墓葬 832 座、祭祀坑 58 个、车马坑 14 座、从葬坑 1 个。这是《天马—曲村（1980—1989）》报告的全部遗迹内容，但不包括北赵晋侯墓地和羊舌墓地，也不包括 1980 年以前和 1989 年以后的一些零星的发掘，这些遗存多为西周到春秋早期的遗存。

曲村—天马遗址发掘出来的两周时期的房屋遗址仅有 5 座，1 座为建在地面上的房子，4 座为地穴或半地穴式的房子。

在地面上建造的房子编号为 J6F11，年代为春秋早期，仅存房子的基础部分。这座房子平面呈长方形，由门道和四面围墙构成。门开在西北角，即北墙的西端与西墙相接处，门朝北，方向 15°，门道宽 70 厘米。四面墙体均经夯打，以分段版筑法筑成，比较坚硬。墙体上下竖直，拐角方正，围墙内面修治得既光且平。室内地面坚硬光平。这座房子的建筑面积为 16 平方米，室内使用面积为 9.62 平方米，墙体宽 22 ~ 80 厘米，最高残存 35 厘米（图一）。

图一

曲村—天马遗址春秋时期居址 J6F11

房内东部发现一个灶炉，保存得相当完整。这个灶炉位于靠东墙的中部，考古人员原本打算清理并做好记录后用沙子回填，就地掩埋，永久性地保存下来，可是没有想到的是，在考古过程中遭到蓄意破坏。无奈之下，考古人员将房子解剖后就清除掉了。没能将房子保存下来，这令人十分遗憾。

这个灶炉是在夯土台上挖建而成的，灶台面积约 1 平方米。灶炉由灶门、火道、火膛与灶口四部分组成。灶门宽 16 厘米，高 15 厘米，由 3 块较规整的石头垒成，两侧石块竖立，顶上石块平置，石块上都有烟熏的痕迹。灶门内火道长 15 厘米，宽、高与灶门相当。火道内为火膛，火膛上为出火的灶口，火膛与灶口就像一个小型的圆形袋状坑，口小底大，火膛底径 25 ~ 35 厘米、高 25 厘米，灶口直径 21 厘米。发掘的时候，火道和火膛内还有很多灰烬，内壁约 5 厘米厚的炉壁都被烧成了红色，局部为青灰色，说明使用了很长时间。灶口与灶台齐平，上面可以放置炊器。推测这个炉灶是用来烧水做饭的（图二）。

房内西南角发现了一个圆形的柱洞，直径 10 ~ 12 厘米，深 16 厘米。柱洞上部高出室内地面约 7 厘米，为夯土筑成，用来加固木柱。在房内发现的器物除 1 件可复原的陶豆外，还有陶片、石刀、石圭和砺石等。

值得注意的是，在房子北墙、西墙和南墙的墙基下面，大约和室内地面等高的位置上，共发现了 5 件石圭。其中北墙下的 3 件平行放置在门侧的墙下，圭尖正对着门的方向。西墙下的 1 件放在墙的中部，圭尖朝南。南墙下的 1 件与北墙下的 3 件位置相对，圭尖朝东。东墙下可能也有 1 件，因被晚期坑破坏而情况不明。四面墙基下均放置石圭，圭尖呈逆时针方向放置，分别指向四方。有趣的是，在房内居住地面下也发现了 1 件石圭。这些石圭显然是有意放置的，可能与房屋建造过程中祈求平安的祭祀活动相关。这反映了当时人们的一种信仰习俗，至于是祭祀土地神还是其他神祇，就不得而知了。

其他 4 座地穴或半地穴式房子的年代为西周早期或春秋早期，形状有长方形和椭圆形两种。门道设在东南部或西南部，房子的壁面一般较竖直平整，室内地面多光平坚硬，经火烧成红色，或有踩踏面，或踩踏痕迹不明显。房子的大小和深浅不一，室

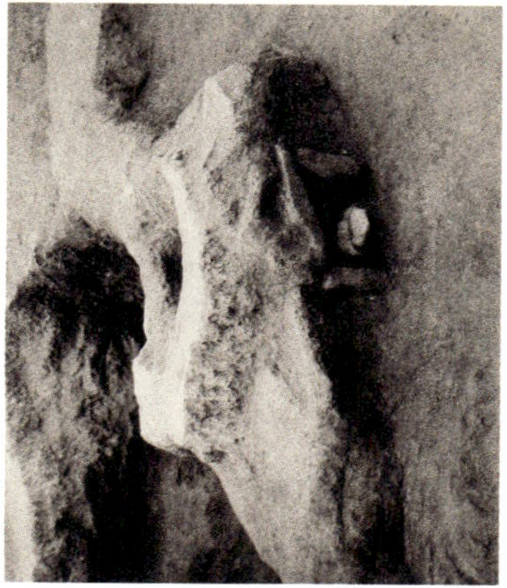

图二 | 图三

图二
曲村—天马遗址 J6F11 的烧灶

图三
曲村—天马遗址水井 J7H119

图四
图五

图四 曲村—天马遗址水井J7H23平面、剖面图

图五 曲村—天马遗址水井J7H23出土的铜罍

内面积 5 ~ 20 平方米，残深 0.38 ~ 1.84 米。1 座房址的室内中部有 1 个直径 26 厘米的柱洞，1 座房址中部放 1 块较平整的石块作为柱础。2 座房址有灶炉，西周早期的 1 座灶炉位于室内东壁下，春秋早期的 1 座灶炉则在距室内地面高 1.2 米的西壁上。值得注意的是，1 座房子内部除出土陶器外，还出土了 1 件铸造铜刀的陶范。

由此可见，这些地穴或半地穴式的房子，有的具备作为居住场所的要素，有的只是工棚或临时休息的处所，个别可能是储物的窖穴。

发现的 8 口水井，年代从西周早期延续到春秋早期，各阶段都有。除了 1 口水井口部近似椭圆，中部变为长方形外，其余均为长方形水井（图三），可见平面成长方形是这个时期水井的共同特征。只有少量水井上下竖直，大多数水井口大底小，中部还有掏挖成袋状的。井的深浅和大小不一，口最大的长 3.3 米、宽 2.2 米，最小的长 1.15 米、宽 0.95 米；底最大的长 1.8 米、宽 0.95 米，最小的长 0.65 米、宽 0.45 米；井深 7.85 ~ 12.75 米。值得注意的是，大多数水井为东西向长方形，南北两壁大多有很多脚窝，半数水井的西壁中腰有较大的洞龛，这些洞龛当是用来储存食物的，类似于窖穴。多数井底有淤泥，并有汲水的陶器。水井废弃后的填土中也有不少石器、骨器和陶器残片，还发现有陶范残块。这些水井中的一部分与手工业作坊用水有关，一部分与生活用水有关。有意思的是，在作坊区最大、最深的水井 J7H23 的底部出土了大量陶罐，还发现了一件完整的高 32 厘米的长方形口扁方体铜罍，口内有“伯作宝彝”四字铭文（图四、图五）。这件铜器为何会遗留在此井中，今天的我们难以确知，也许其中隐藏着一段神秘的故事。

手工产业

在曲村—天马遗址发现了各种手工业作坊的遗迹和遗物，我们可以从这十分有限的发掘中窥得晋国早期手工业生产的盛况。

手工业作坊区大致位于J6、J7区，在这个区域内发现了多座陶窑。1979年，在翼城县天马村村西、村北和曲沃县北赵村村西、村东各发现1座陶窑。《天马—曲村（1980—1989）》报告中报道了8座陶窑，年代为西周早期和春秋早、中期，分布较散，并不集中在一个区域。

这个时期的陶窑有两种形式，一种是火膛在窑箅前方的倒焰窑，一种是火膛在窑箅下方的升焰窑。平面形状有圆形、椭圆形和长方形几种，长方形窑的年代略晚一些。一般来说，陶窑由工作场、窑门、火膛、窑室、烟道组成，窑室内有火道和窑箅。从保存较好的几座陶窑来看，窑门多位于东部，少数位于南部。从窑的大小来看，小陶窑长 1 米，宽 0.61 米，残高 0.85 米；大陶窑长 2.4 米，宽 1.36 米，残高 0.9 米。有一座保存较好的倒焰馒头窑 J6Y11，年代为春秋中期，整体平面呈东西向长方形，剖面略呈袋形。窑门开在东部，东部火膛低于西部窑床，中部有一条火道，西壁后面有通向窑顶的烟道。窑长 2.25 米、宽 1.27 米，火膛底距窑顶 2.25 米。这个窑的火膛内发现 3 件烧好的完整陶豆，这些陶豆可能就是这个陶窑烧成的（图六—图八）。由此推测，当时的制陶手工业已经存在一定程度的分工，陶窑专门烧制某一类器物，或一次仅烧制某一类器物。从这些陶窑内的残留物看，木炭是当时的主要燃料。陶窑内还发现了陶器残片、烧骨等。

遗址中发现了 133 件陶纺轮，在陶器小件器物中数量最多，可见陶纺轮是常用工具之一，这说明纺织在当时人们的日常生产、生活中占有重要地位。其他陶器小件还有陶支脚、陶垫、鼓风管、陶刀、陶弹丸等，大多属于制陶工具，与制陶手工业有关。研究表明，J7 区不仅发现了数量较多的陶窑，而且出土了大量陶器小件，可能是一个主要的制陶作坊区。

1979 年，在曲沃县北赵村南的大道边还曾捡到铜炼渣。《天

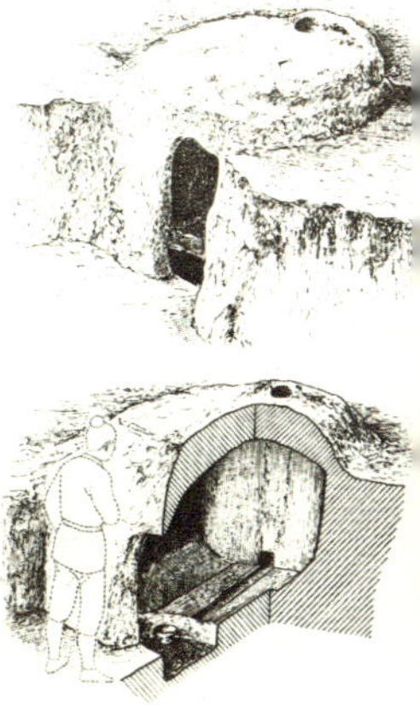

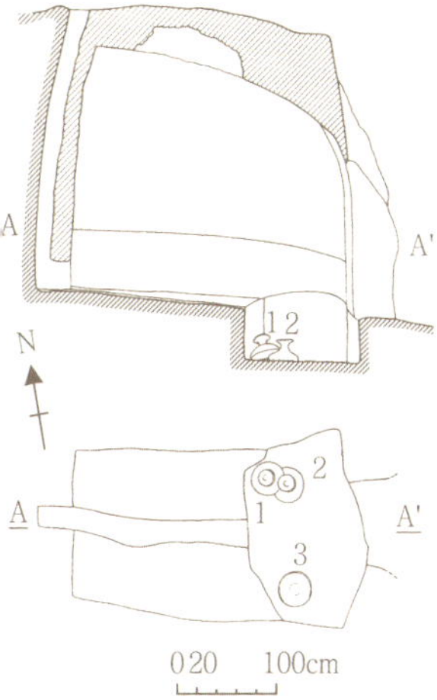

图六 | 图七 | 图八

图六 曲村—天马遗址陶窑 J6Y11 写生与结构解剖示意图

图七 曲村—天马遗址陶窑 J6Y11

图八 曲村—天马遗址陶窑 J6Y11 剖面图与底部平面图

马—曲村（1980—1989）》报告中发表的 11 件陶范全部发现于 J7 区，所铸之器包括青铜容器、兵器、工具等。由此推测，J7 区可能存在铸造青铜器的作坊，曲村—天马遗址已具有铸造青铜容器的能力。这些陶范的年代大多属于春秋早期，这说明在春秋早期，J7 区可能是晋都青铜器铸造作坊的一个中心区域。

春秋早期陶范的出土，恰与传世青铜器晋姜鼎、回流青铜器戎生编钟的铭文相呼应。晋姜鼎在北宋时出土于陕西韩城，后来下落不明，铭文和鼎的摹本最早著录于宋代吕大临的《考古图》中，铭文中有“嘉遣我，赐卤积千辆，勿废文侯显令，俾贯通□，征繁阳権，取厥吉金，用作宝尊鼎”的字样 。戎生编钟现藏于北京保利艺术博物馆，铭文中有“嘉遣卤积，俾谮征繁阳，取厥吉金，用作宝协钟”的字样（图九、图一〇）。二者均有以“卤积”到“繁阳”换取青铜的记载，说明在春秋早期晋国可以独立铸造青铜器。而曲村—天马遗址春秋早期铸铜陶范的发现，正好证实了这一推断。

曲村—天马遗址出土的 49 件青铜小件器物，相对于该遗址出土的所有小件器物来说，数量很少。器物种类以铜镞、铜锥和铜刀为主，另外还有铜笄、铜铲、铜镈、铜管、铜凿、铜针、

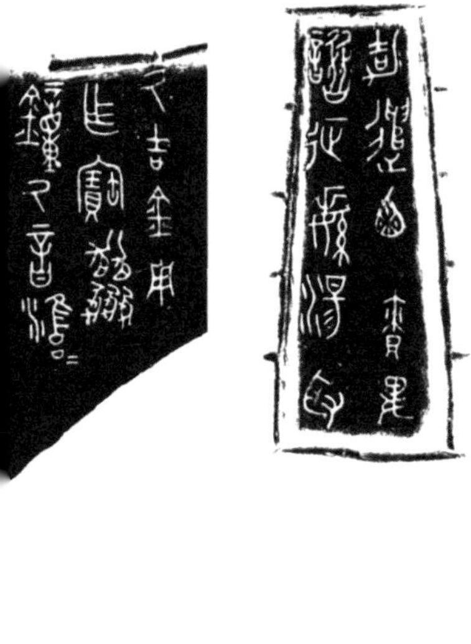

图九 — 图一〇

图九
保利艺术博物馆藏戎生编钟

图一〇
戎生编钟铭文拓片

铜鱼、铜构件等，绝大部分是生产工具，其次为生活用具。J7区和H5区出土的青铜小件器物最多，说明J7区和H5区都有可能与铸铜手工业有关。

在曲村—天马遗址春秋早期和中期的地层中还发现了3件铁器。虽然这一发现“把中国古代获得液态生铁的时代提前了200余年”，但我们目前还不能说曲村—天马遗址就拥有铸造铁器的能力。

在曲村—天马遗址还发现了大量玉器和石器，几乎占到小件器物数量的一半。仅石刀就发现了313把，在所有小件器物中数量最多。在J7H30这个坑壁和坑底都不甚规整的椭圆形锅底状小坑中，出土了19把石刀的半成品，比较整齐地叠放在坑内，显然这附近属于制作石刀的作坊区域。大量石刀的发现，表明石刀用量大，使用频繁，破损率较高，可见石刀在当时的农业生产和生活中占有极其重要的地位，是其他工具所无法替代的。

出土数量仅次于石刀的是石斧和石铲等工具。石制品中的工具还有石纺轮、石锛、石镰、石凿、石刮削器、石尖状器、石切割器、石锤和石锯等，种类多，数量大，是当时各种工具中的大宗。可见石制品工具在西周、春秋时期的生产与生活中仍然占据重要地位。

曲村—天马遗址还发现了 44 件石圭、1 件石璋和 1 件石璜，它们无疑都属于礼器。曲村—天马遗址 J7 区出土了大量石制品，这里可能存在石器作坊。

1979 年，在曲沃县曲村东 650 米处发现了一处制骨遗址。遗址出土的 249 件骨笄占骨器总数量的一半以上，说明骨笄在人们的生活中是常用物品，消耗量较大。此外还有骨锥、骨镞、骨铲、骨刀、骨钉、骨针、骨匕、骨锉等。研究表明，J7 区很有可能还存在骨器作坊。

曲村—天马遗址出土了 60 多件蚌器，其中蚌刀 23 件、蚌泡 21 件，另外还有蚌镰、蚌壳、蚌块、蚌条等。蚌刀和蚌镰属于生产工具，蚌泡则属于漆木器上的装饰品。相关研究表明，J7 区可能也存在蚌器和漆木器作坊。

由以上这些出土遗物可知，西周至春秋早、中期，曲村—天马遗址的手工业比较发达，陶器和石器在生产、生活中占有较大比重，骨器和蚌器（包括漆木器）也是较为重要的生产、生活用具。西周时期的晋国可能还不能独立铸造青铜容器，玉器数量也比较少，说明西周时期青铜和玉器资源可能还由王室统一管控。直到春秋早期，晋国才可以独立铸造青铜器，特别是青铜礼器和容器，但与春秋晚期相比，在铸造规模、种类和数量上还相差较大。

宗教活动

作为人类早期精神生活的重要体现的宗教祭祀活动，在曲村—天马遗址中也有发现。

除了上文提到的 1 座春秋早期房子墙基和室内地面下发现的 6 件石圭与祭祀活动有关外，曲村—天马遗址还发现了 7 座烧坑。这些烧坑除了 1 座位于 J7 发掘区外，其余的 6 座都位于 J6 发掘区，年代都属于西周早期。它们呈现规整的圆形，直壁，平底，个别烧坑的坑口略大于坑底，除了 1 座烧坑的直径为 1.02 米外，其余 6 座的直径均在 0.85 米左右，大小相近。坑口到坑底的距离大都在 1.5 米左右。有的坑口外围还有一片踩踏的硬面。这些坑的下部和坑底都经过高温烧烤，坑壁表皮大多烧成了青灰色，非常坚硬；上部表皮大多被烤成红褐色；坑壁的外围也都被烧成红色，厚 3 厘米左右。坑的底部都有一层炭灰，有的还夹杂着木炭块、兽骨，如一烧坑下部的灰层中有牛骨和鸟骨等。坑内填土中出土了陶片、完整陶鬲、羊骨、蚌壳、骨锥等（图一一）。

这些烧坑分布相对集中，形状规整，大小相近，坑内堆积物的内涵相似，说明其用途和性质是比较一致的。在这些烧坑附近有两座西周早期的房址 F13 和 H79，而 J6 区和 J7 区的手工业作坊遗址较多，这两座房址与这些烧坑和作坊之间应当存在一定的联系。因此，我们推测，这些烧坑是居住在这两座房屋中的手工业作坊的管理者或工匠举行祭祀的遗迹，祭祀的对象当为与作坊生产相关的神祇或其他神祇。

在曲村一天马 J7H8 这个不规则形直壁坑中发现三层兽骨。与其他坑相比，这个坑的形状有点特殊，平面为三个直边加一个弧边，略呈半圆形，长直边的北壁上有脚窝，短直边的西壁在距口部 3.7 米处有一个小龛。北壁和东壁光滑，呈黑色，似抹有一层细泥。这个坑因故未发掘到底，但在填土中发现了三层兽骨。第一层距坑口 0.5 米，为一具不完整的狗骨；第二层距坑口 0.6 米，为一具较大的不完整的牛骨，骨架周围有 7 块自然石头；第三层仅有一个鹿的头骨，周围也有 5 块自然石头。我们推测，该坑原本可能是一处窖穴，窖穴废弃后，又曾作为某种祭祀活动的祭祀坑，至于祭祀的对象，我们尚无法知晓（图一二）。

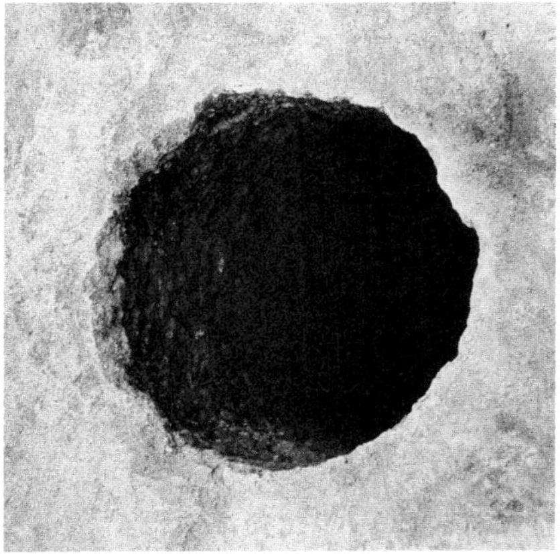

图一一
曲村—天马遗址烧坑 J6Y12

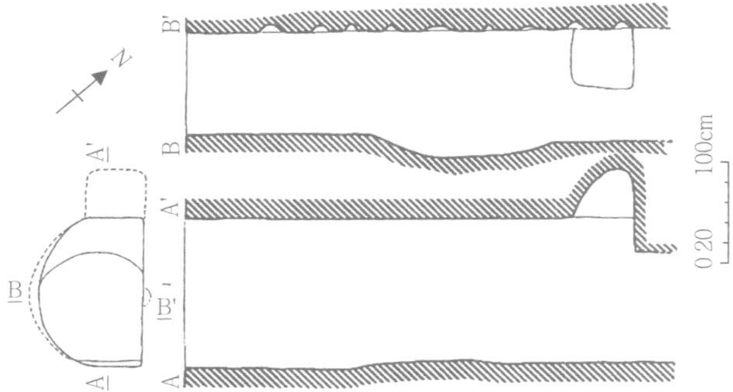

图一二
曲村—天马遗址 J7H8 平面、剖面图

图一三

曲村—天马遗址 IH142 出土的骨占具

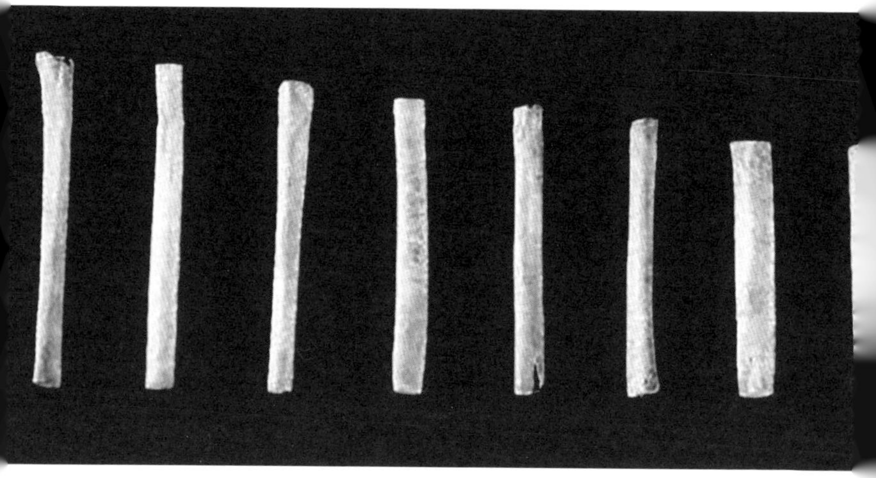

占卜在先秦人们（主要是贵族）的生活中极为常见。据商代甲骨文和先秦文献记载，人们在日常生活的各个方面都会进行占卜，以此来预测吉凶祸福，趋利避害，从而满足人们的心理需求。

在曲村—天马遗址共发现 4 套骨占具和 4 件卜骨。在西周早期的椭圆形袋状坑 IH142 内发现 1 组 8 件骨占具，材质是两端都锯平的狗趾骨，中部有孔贯通，长度依次递减或递增，长 3.7 ~ 5 厘米（图一三）。在春秋中期的圆形袋状坑 J7H125 内发现有一块卜骨，为牛的肩胛骨，背面修治光整，刮削痕迹明显，有钻、凿和火灼的痕迹。这些遗物是当时占卜活动的明显例证，反映出晋国早期已经有了较高规格的、独立的宗教行为。

灰坑之用

在曲村—天马遗址发现了大量灰坑，西周和春秋时期的灰坑有 253 座，数量显然比其他遗迹（如房址、陶窑、水井等）多出了若干倍。

这些灰坑的平面形状有圆形、椭圆形、长方形、方形和不规则形几种，其中不规则形坑数量最多，方形坑数量最少。灰坑剖面形状以坡形（即凹弧形或斜直形）最多，其次为直壁，之后为袋形。

如果我们将平面为不规则形的灰坑排除，其他规则形坑的剖面以袋形最为常见，直壁和坡形的数量相当。有趣的是，平面为长方形和方形的灰坑中，剖面未见袋形的，只有一座灰坑的剖面为坡形，其余均为直壁。如果挖建长方形或方形口的袋形坑，就会形成一个覆斗形坑，这样的灰坑在田野考古中极为罕见，可能是由于其容易坍塌或不实用。也就是说，长方形或方形的平面形状，决定了灰坑剖面形状的空间可能性。虽然曲村—天马遗址中没有发现这样的灰坑，但我们知道，西周时期是以口小底大的覆斗形为主要的墓葬形制，这是否说明，覆斗形坑只用于墓葬，是当时晋国社会存在着的生死观念上的禁忌的体现呢？

在不规则形灰坑中，剖面以坡形最多，其次是直壁，仅有两座被归入袋形。这两座袋形坑其实也不应该放在不规则形这一类中，一座是圆形坑，只因其有三个台阶式的门道，显得口部形状不是圆形；另一座是椭圆形坑，口部的不规则形是由于坍塌造成的。这样说来，在106座不规则形灰坑中，也是不存在袋形坑的。这又是为什么呢？这说明，至少在平面呈不规则形、长方形和方形的灰坑中是不存在袋形坑的。换句话说，袋形灰坑只见于平面为圆形和椭圆形的灰坑中，这应该与袋形灰坑的使用功能密切相关，袋形坑是具有某种专门用途的精心之作。

在253座灰坑中，规则形灰坑有121座，不规则形灰坑有106座，还有26座灰坑因发掘不完整而形状不明，可见规则形与不规则形灰坑的数量相差不大。这说明人类主观的设计理念存在着规则形与不规则形的差异，前者更为精心，后者更为随意，但二者的使用概率几乎是均衡的。

总体上看，规则形灰坑平面形状的数量依圆形、椭圆形、长方形、方形的次序递减，剖面形状的数量依袋形、直壁、坡形的次序递减。其中圆形袋状灰坑最多，其他依次为圆形直壁、圆形坡状、椭圆形坡状、长方形直壁、椭圆形直壁、方形直壁和方形坡状。可见在当时人们的生产、生活中，圆形袋状坑最为常用，方形坑最为少用，不见长方形和方形的袋状坑。

从各种灰坑的年代来看，西周晚期的灰坑最多，然后依次为春秋早期、西周早期、西周中期、春秋中期、春秋晚期。这说明在这个发掘区域内，晋国先民在西周晚期和春秋早期活动最为频繁，春秋中期活动较少，春秋晚期活动极少。

现在我们来说说什么是灰坑。考古学家把用途不明的遗迹统称为灰坑，实际上就是俗称的垃圾坑。为什么这么说呢？因为这些坑在废弃以后，其中的填充物大多是生活垃圾，有一部分可能是倒塌堆积或回填的自然堆积。其实，灰坑只是一个名称，就像人的名字只是一个代号，并不代表其属性。至于这些灰坑在废弃以前是什么功能和用途，与灰坑的名称和编号都没有什么关系。就是因为对其属性的认识还不明确，才使用“灰坑”

这个中性的叫法。因此，在考古发掘中，灰坑的数量一般都大于其他遗迹的数量。这些所谓的灰坑是由很多种不同用途的遗迹聚集而成的，比如窖穴、住房、工房等。

具体到曲村—天马遗址中的灰坑，有些圆形坑营造讲究，壁底齐平，显然在挖成之后又经过了加工。椭圆形坑的袋状壁和直壁都较为讲究，多数经过仔细加工。11座长方形坑均为直壁，其中5座坑的深度在4米以上，有的两侧壁上挖有脚窝，两端壁中腰或底部设有洞龛，深坑周壁平整、光滑，显然经过多次使用。这些洞龛与前文所述水井中腰的洞龛一样，也具有储藏食物的功能。周代有很多储藏粮食的粮窖就是这种长方形的竖穴深坑，推测曲村—天马遗址的这种灰坑应当具有相近的功用。当然，也有一些窖穴用于储藏其他物品，未必都和食物有关。

值得注意的是，在两座圆形坑和一座椭圆形坑的坑底有柱洞，其中一座圆形坑的坑口也有柱洞。如圆形袋状坑J6H164，口和底较圆，壁面平整、光滑，似经加工或长期摩擦所致，坑底很平整，有较平滑的硬面。坑

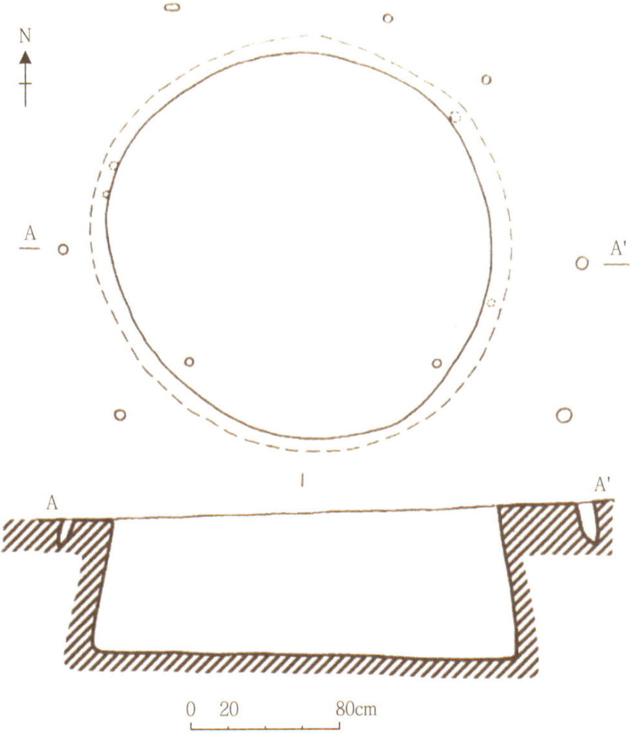

图一四
曲村—天马遗址J6H164平面、剖面图

口外一周有 7 个直径为 6 ~ 9 厘米的柱洞，洞的底部较尖，断面呈楔形。坑底靠近周壁处也有 6 个直径为 5 ~ 7 厘米的柱洞，东、西各 3 个（图一四）。J6H201 是一座椭圆形袋状坑，壁面和底面平整，显然经过仔细修治，底部边缘有一个由下往上向内倾斜的柱洞，倾斜度与坑壁的斜度大体一致。这些坑内既然有柱洞，就说明可能有顶盖，那么，这三座袋状坑便不是所谓的“灰坑”，也不是储藏食物的窖穴，它们有可能是房子或其他建筑设施。

还有一座圆形袋状灰坑 J7H33，坑壁抹一层厚 2 ~ 10 厘米的细泥，南壁近底处有一个小龛。这个坑的底部也呈圆形，底径 2.3 米左右，坑底有一层薄薄的白色板灰，似为木板铺底。圆形袋状坑 J7H147，底径达 5 米左右，残深近 3 米，壁面和底面平整、光滑。圆形直壁坑 J6H129，底径 1 米略余，平整的底部有一层硬面。这些大而规整并经过精心设计与加工的坑穴，绝非普通的垃圾坑。

在考古发掘中，我们常常会忽略一种遗迹——厕所。

在发掘到的灰坑中，有一些可能与厕所有关。考古发掘过程中所见到的遗迹一般都不是处在原来地面高度的遗迹，原来的地面大多已经不存在了，很多踩踏面都消失了，再加上田野考古发掘中如果没有提取遗迹中的相关样品进行科学的检测与分析，就很容易忽略掉判定遗迹功能与性质的证据，可能使其成为难以破解的疑案。我怀疑上面提到的一部分圆形小口的袋形坑或许具有厕所的功能。

除了窖穴、厕所，我们也不能排除一些灰坑被用作房屋的可能。房屋未必都设置灶炉，有些房屋可能是一般的工房或休息场所，或是具有其他用途的场所。例如，J7H12 是 1 个有 4 级台阶门道的长条不规则形坑，长 3.6 米，宽 2.45 米，现存深度 1.43 米。门道在东边，比较规整，坑底十分平整，并有踩踏的硬面。这个坑可能曾经是作坊一类的建筑（图一五）。还有一部分灰坑可能具有祭祀坑的功能。当然，这需要采集相关的样品进行科学的检测和分析才能确定。

不过，的确有一部分灰坑可能原本就是垃圾坑。这种灰坑应该在房屋附近，是供人们丢弃垃圾用的。只不过这种垃圾可能作为有机肥被运送到田地中去。这些灰坑与我们一般习称的

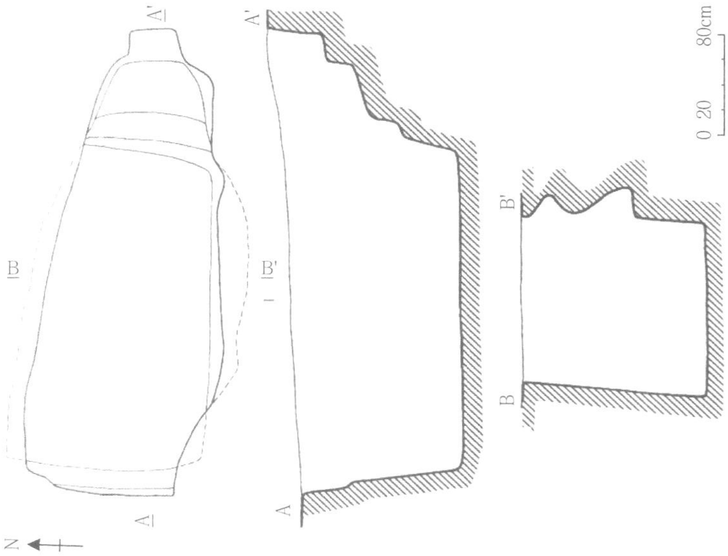

图一五

曲村—天马遗址 J7H12 平面、剖面图

灰坑当然是不一样的。

现实中也有取土形成的坑后来被垃圾填满的现象。这种坑的平面形状一般呈不规则形，边壁粗糙，坑底多凹凸不平。我们相信，在古代社会一定还有其他各种用途的坑，在后来的考古发掘中都归入“灰坑”这个类别中去了。因此，今后的考古发掘更要加强在田野现场对各种遗迹现象性质的辨别和采样工作，这样才能更有利于后期的聚落研究和真实历史的具体构建。

还有一个有趣的现象，在曲村—天马遗址所有的灰坑中能看到的工具痕迹都是独刃工具留下的。这说明在挖建这种规则的窖穴、厕所、工房或不规则的取土坑的时候，绝大多数使用的是独刃的锛、铲或小镢之类的工具，其刃宽多为 5 ~ 6.5 厘米，个别宽 1.6 厘米；形成的痕迹长 20 ~ 30 厘米，个别的长 10 或 47 厘米，痕迹深 0.4 ~ 0.6 厘米。

生活艺术

人类对美的追求是天性使然，无关乎发展与进化的程度。曲村—天马遗址的考古工作虽很有限，但还是发掘出不少人工遗物，其中不乏充满生活情趣的艺术品。比如在J7H7这座春秋中期的圆形坑中出土的骨器，长10厘米左右，圆柱形，磨制而成，两端各钻4列圆孔，其中一端每列有4孔，另一端每列有5孔。这些孔一定有某种特殊的用途（图一六）。

遗址中共发现4件陶塑动物、3件陶埙。圆形坑J7H7中发现了捏制的泥猪和亚腰形陶饰等。J7H140这座春秋中期的不规则形直壁坑中发现了1件长5.2厘米、用泥捏制后又经过火烧的陶动物，究竟是什么动物，目前难以辨认。IH142这个西周早期的椭圆形袋状坑内发现了1件陶埙，陶埙表面装饰浅绳纹，锥体，中空，顶端有一小孔与空腔相通，小孔周围装饰六角星纹。如果将底部封闭，吹顶端小孔，陶埙便会发出“呜呜”之

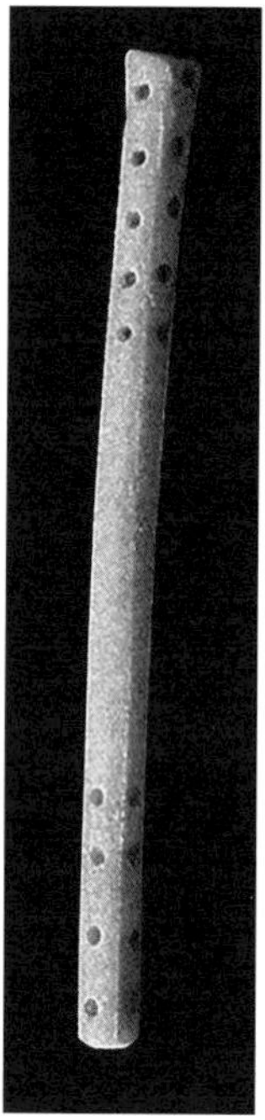

图一六
曲村—天马遗址 J7H7 出土的骨器

声，可见晋国先民已经有了丰富的精神生活。春秋早期的 J7H130 中出土的陶罐肩部有“回”字纹，这种纹饰与商代晚期和西周早期流行的雷纹十分相似。春秋早期的 J7H69 中发现的陶盆上也有类似的纹饰。这种纹饰的使用，可能是一种复古现象或文化孑遗。

遗址还出土了 44 件石圭等礼仪用品，17 件石玦、2 件石环，以及大量的骨笄、骨牌饰、蚌泡、蚌圆饼饰、蚌条饰、蚌玦、蚌片、铜笄、铜鱼等装饰用品。

在北赵晋侯墓地、羊舌晋侯墓地和曲村墓地发现了大量的青铜器、玉器、金器、陶器、原始瓷器、骨角器、蚌贝器、漆木器和锡器等，绝大多数都具有较高的艺术价值。比如在墓主人腰部发现的多件黄金带饰，青铜器中的晋侯鸟尊、猪尊、兔尊、筒形尊、龙耳人足铜方盒，各种充满宗教色彩的神人、动物造型的玉器等，不仅造型优美，装饰细腻华丽，而且构思巧妙，制作工艺高超，反映了西周、春秋时期晋国先民精湛的工艺水平和多姿多彩的精神世界（图一七—图二五）。

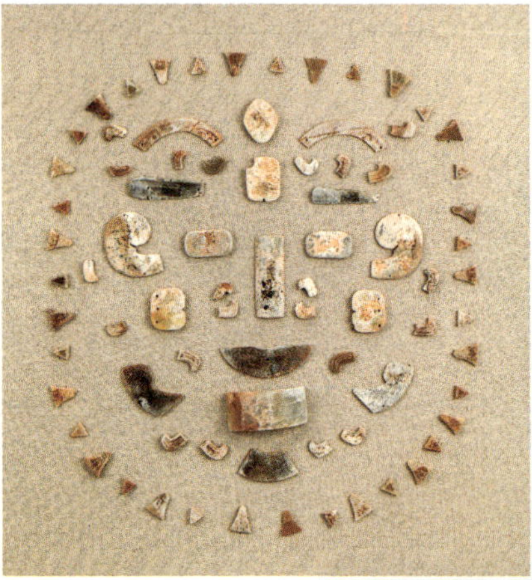

图一七　图一九　图二一
图二二　图二三
图二四　图二五

图一七　北赵晋侯墓地 M8 出土的黄金带饰

图一八　北赵晋侯墓地 M113 出土的猪尊

图一九　北赵晋侯墓地 M8 出土的兔尊

图二〇　北赵晋侯墓地 M63 出土的筒形尊

图二一　北赵晋侯墓地 M63 出土的龙耳人足铜方盒

图二二　北赵晋侯墓地 M8 出土的玉人

图二三　北赵晋侯墓地 M31 出土的玉覆面

图二四　北赵晋侯墓地 M63 出土的玉鹿

图二五　北赵晋侯墓地 M31 出土的串饰

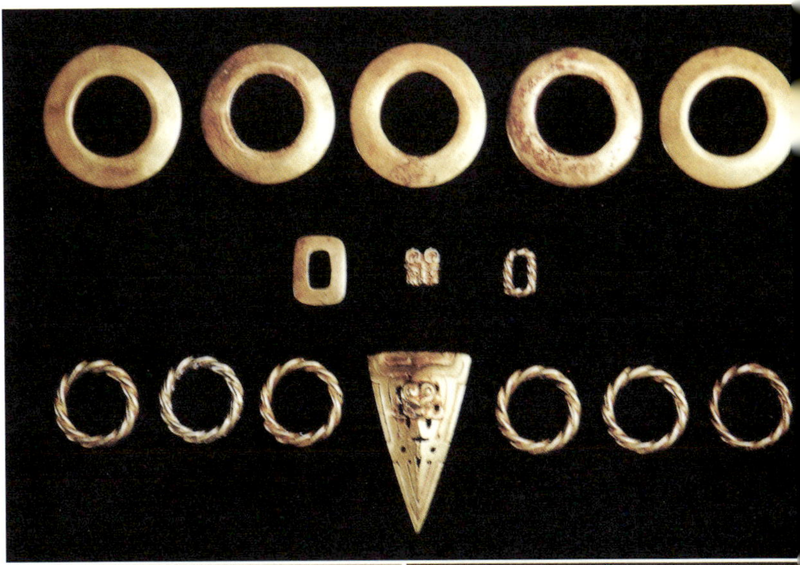

从晋侯燮父迁都于此，到小宗晋武公被册封为诸侯，300 余年间，晋国贵族及其家族同时期约有 4000 人生活在这座大型都城中，贵族和平民两大阵营共同构成了这里的居民体系。

晋国在当时也以农业为立国之本，晋国的强盛在于农业。古代农业社会里，“人是第一生产力”，繁重的农业劳动，狩猎、捕鱼和其他手工业生产活动，主要由男子来完成。此外，军事活动也主要依靠男子。大量的考古发现和文献记载表明，两周社会是一个男尊女卑、等级分明的社会。在“人是第一生产力”的前提下，男人更是第一生产力中的主力，女子可能都处于从属的地位。一个家庭，如果没有年轻的男子从事农业生产，没有男子来管理和照料这个家庭，在传统的农业社会中，这个家庭是难以度日的。因此，中国几千年来“重男轻女”的思想，是特定历史时期社会发展的必然结果，这种观念必然有其生存的土壤和存在的合理性，而不是凭空杜撰的陋习。

西周时期，国家林立，像晋国这样“方百里”的国家在当时就是大国了，4000 人的都邑已经是大城市了。相比之下，像山西绛县横水一带的倗国、翼城县大河口一带的霸国这样的小国家，都城中同时期的人口也就数百人。因此，我们要理解西周社会，首先要认识其自然、历史条件和社会背景。

曲村—天马遗址是一个跨越不同时期的聚落遗址。聚落不仅包括居住的场所、手工业作坊，还包括关乎人们精神生活的祭祀类宗庙和社稷等遗存，此外还有一类遗存，即人们死后被埋葬的墓地。新石器时代以来的先秦时期，我国流行公共墓地，西周时期的晋国同样流行公共墓地。在曲村—天马遗址，我们不仅发现了高等级的北赵晋侯墓地、羊舌晋侯墓地，也发现了埋葬一般贵族及其家族的曲村墓地，但这三处墓地都是独立存在的。

北赵晋侯墓地位于曲村—天马遗址的中北部，在曲村墓地以东约 1200 米处；曲村墓地位于遗址的西北部；羊舌晋侯墓地则位于北赵晋侯墓地东南 4500 米处，位于滏河南岸，即遗址的最南端。北赵晋侯墓地和曲村墓地位于生活居址当中，羊舌墓地则位于生活居址以南。

我们推测北赵晋侯墓地、曲村墓地和生活居址都位于都城中，羊舌晋侯墓地则位于都城的南门外。遗憾的是，由于至今没有发现西周晋国的古城基址、宫殿和宗庙等建筑遗存，这一认识依旧处于推测阶段。

发现之光

- 北赵墓地
- 曲村墓地
- 羊舌墓地
- 车马制度
- 叔虞方鼎
- 晋侯鸟尊
- 晋侯苏器
- 文王玉环
- 杨姞铜壶
- 晋侯燮父
- 穆侯邦父
- 墓葬特征

北赵墓地

曲村一天马遗址共发现两处晋侯墓地，一处是北赵晋侯墓地，一处是羊舌晋侯墓地。北赵晋侯墓地位于西周遗址的中北部，面积达 2.2 万余平方米，占据遗址中心位置，是具有独立空间的高等级贵族家族墓地，埋葬了 9 位晋侯、10 位晋侯夫人、1 位太子，还有大量的车马坑、陪葬墓和祭祀坑。

北赵晋侯墓地的墓葬大体呈中排、北排、南排的横向三排。如果按照埋葬的时代顺序看，墓地中的墓葬形成了一个“S”形排列（图一）。

晋侯燮父及其夫人的墓葬 M114、M113 是最早的一组（西周早、中期之际），位于中排最东端。接下来是燮父之子晋武侯及其夫人的墓 M9、M13，位于北排最东端。依早晚顺序，北排由东向西依次是 M6、M7 组（晋成侯夫妇墓），M33、M32 组（晋厉侯夫妇墓）；之后折向中排西端的晋靖侯夫妇墓 M91、M92，从这组墓葬开始，年代进入了西周晚期；再之后的墓葬折向南排，从最东端的晋僖侯夫妇墓 M1、M2 组开

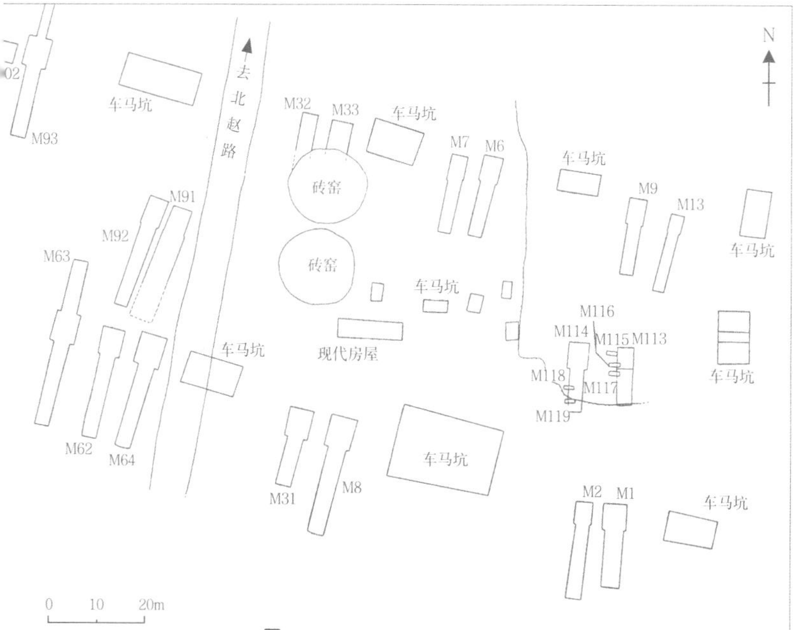

图一 晋侯墓地平面图（采自《文物》2001年8期4页）

图一
北赵晋侯墓地墓葬分布平面图

始，依次往西是晋献侯苏夫妇墓 M8、M31 组，晋穆侯夫妇墓 M64、M62、M63 组；最晚的一组是墓地西北角的北赵晋侯墓 M93、M102，其年代已进入春秋初年，关于这组墓的墓主，目前有晋文侯夫妇与晋殇叔夫妇两种说法。

北赵晋侯墓地每一组晋侯夫妇墓葬的东部都有独立的车马坑陪葬，但是车马坑的方向却不完全一样。M114、M113，M9、M13 的车马坑是南北方向，其他晋侯夫妇及太子墓葬的 8 组车马坑均为东西方向。M114、M113，M9、M13 的墓位均为男西女东，即男右女左，其余 8 组墓主的墓位是男东女西，即男左女右。

这里需要说明的是，男女墓位中的“左”“右”，都是以墓葬的方向而言的。因墓道都位于南端，墓葬就是坐北朝南，因此我们是站在墓室北端来说“左”“右”的，与墓主人的头向没有关系（M91、M92 的墓主头向南，其余头向均为北）。而不带墓道的竖穴墓，则只能以墓主人的头端方向来谈这个问题。

以上两个现象说明，在北赵晋侯墓地，最早的两组墓与其后的 8 组墓之间，即在 M9、M13 组与 M6、M7 组（晋成侯夫妇）之间发生过一次礼仪或习俗的变革。还有一个非常值得注意的现象，在 M114 晋侯燮父墓中发现了一个殉人，这种现象在姬姓周人的墓葬中极为罕见，在两个晋侯墓地的其他墓葬中也没有发现殉人的现象。我们知道，商周之际，殉人被视为商文化的习俗，多为商人或商遗民所使用。作为姬周嫡传的燮父，为何要不顾周文化的传统，而使用商文化的礼俗呢？我们推测，这可能与晋侯墓地初设时受当地狄族文化的影响有关，具体原因已不得而知。

特别需要一提的是，M91、M92 是北赵晋侯墓地唯一一组墓主头向南的墓葬，其他墓主的头向均朝北。在 M91 出土的青铜簋上有“伯喜父肇作倗母宝簋”的铭文，有学者认为墓主的夫人来自倗国，头向南的埋葬方式与倗国媿姓狄人的埋葬习俗有关，但这种说法可能未必正确。

首先，“倗母”之“倗”不能断定就是倗国的国名“倗”，因为“倗”完全可以用作个人的私名，同“朋”。“倗母”作为女性的字，其中的“母”是美称，可能与倗国无关。当然有个别铜器铭文似乎也支持“倗母”是倗国女子的说法，如张家坡出土的“咸作丰大母尊彝”鼎和簋，“丰”显然是国族名。但在 M91 青铜簋铭文中，“倗母”的“倗”是否一定就是倗国，因材料不足，还难以证实。其次，绛县横水倗国墓地中倗伯及其夫人都是头朝西，墓地中没有一例是头朝南的，因此晋侯墓地 M91、M92 组墓主头向南可能与倗国没有多大关系。至于其头向南的原因，尚需进一步探讨。

观察北赵晋侯墓地的墓葬分布平面图（图二），我们会发现，最早的西周早中期之际的 M114、M113 组晋侯燮父夫妇墓位于中排最东端，北排几组墓葬的年代都在西周中期，西周晚期墓葬中年代最早的 M91、M92 组置于中排最西端，而南排墓葬的年代大都是西周晚期，西北角的 M93、M102 组的年代已进入春秋初年，似乎北赵晋侯墓地“S”形的布局与年代和社会有一定的关系。还有一个值得注意的现象，就是墓地中排中间位置上那座不带墓道的中型墓，虽然没有墓道，但在其东面也陪葬一座车马坑。其墓葬规模较小，随葬品使用三鼎，推测其为未及继位而去世的太子。至于这座墓为什么埋葬在墓地的中心位置，在墓地布局和排列上具有什么含义，还有待研究。

上面我们所说的墓葬，从最早的 M114 组开始就带有长斜坡墓道，墓道位于墓室的南面，墓主头北足南，即墓葬坐北朝南，与青铜器铭文和文献中墓主生前在朝堂之上背北面南的记载一致。直到西周晚期 M64 组中最西端的一座女性墓 M63，才出现了带南、北两条长斜坡墓道的现象。在其后的 M93 晋侯墓葬中，也使用了双墓道。双墓道中也以南墓道为主墓道，北墓道往往较窄、较短，是辅墓道。晋侯墓地的墓葬由单墓道变为双墓道，说明在西周末年和春秋初年，墓主使用的埋葬礼仪发生了一些变化，这种变化是不是礼制上的“僭越”，并不能简单地推论。作为 M93 墓主夫人墓葬的 M102，却没有使用墓道，只是一座竖穴土圹墓。从其随葬品的种类和用鼎制度来看，墓主的地位相当于晋侯夫人，或是晋昭侯的母亲，即《尚书・文侯之命》和传世青铜器晋姜鼎铭文中的“晋姜”。至于她为什么没有享用带墓道的隆礼，推测与其子昭侯或其孙孝侯有关，晋姜把持朝政，晋昭侯与晋姜之间可能存有一定的芥蒂，晋姜之葬很可能是在晋孝侯之时，那时晋国内乱导致国力衰弱。有的学者认为 M93 是晋殇叔之墓，那么 M102 则是殇叔夫人，其没有使用墓道的原因尚不清楚。

燮父及其夫人的墓葬在北赵晋侯墓地的墓葬中年代最早，为什么埋葬在墓地的中排东部？北赵晋侯墓地的这种墓位排序，是不是当时晋国或一定范围内流行的一

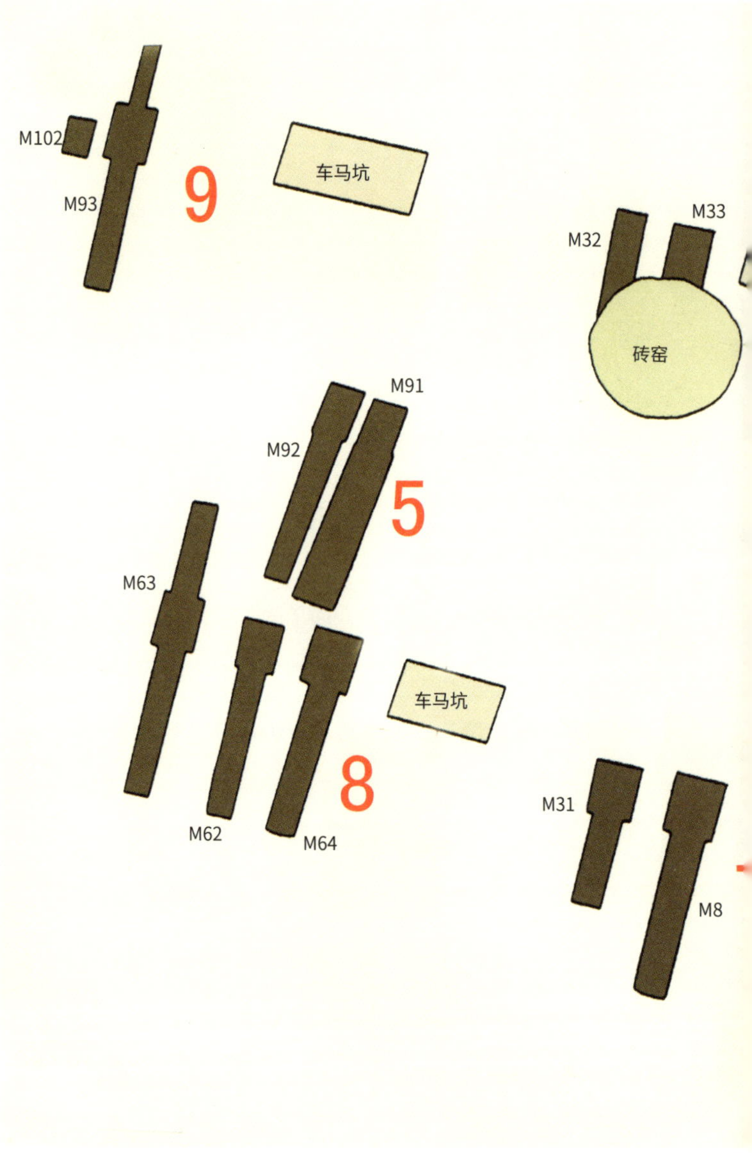

图二 北赵晋侯墓地墓葬分布平面图

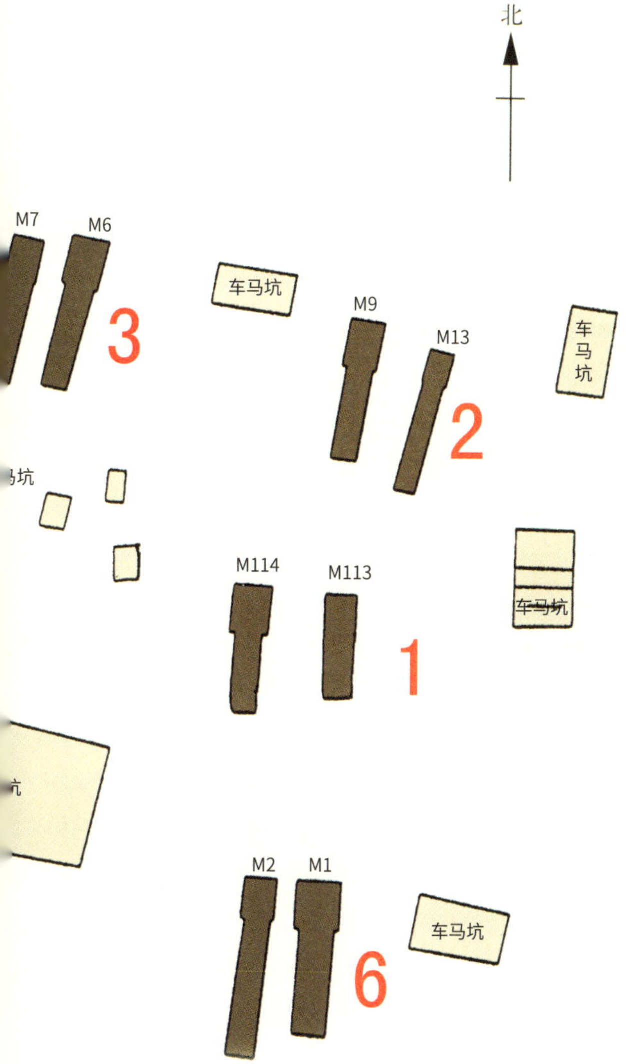
北
M7
M6
车马坑
3
M9
M13
车
马
坑
2
马坑
M114
M113
车马坑
1
坑
M2
M1
车马坑
6

种模式？即以东为上，又以始祖居东部之中间，而后其子在北，其孙往西埋葬，其曾孙再往西。第五代又在第四代西南，与第一代始祖墓东西遥遥相对。第六代从南面另起一排，又依次自东向西埋葬。若以 M91、M92 为第一代算起，到 M93、M102 又恰好是第五代。这种墓位排列方式或与宗法制有关，可以称之为“S”形模式，其是否具有一定的普遍性，尚需进一步研究。

西周中期，北赵晋侯墓地的晋侯夫妇墓葬用鼎似乎没有一定的常数，而到西周晚期以后，则大致依照所谓的“列鼎”制度。晋侯一般使用五鼎四簋随葬，晋侯夫人则使用低一等级的三鼎二簋，直到春秋初年也是如此。

北赵晋侯墓地还发现了很多陪葬墓和祭祀坑。这些陪葬墓大多位于主墓周围，没有墓道，但有一定数量的随葬品，墓主以女性为主，她们很可能是属于晋侯的妾一类人物。祭祀坑大多位于墓室以南的墓道上及墓道两侧，有学者认为它们可能是盟誓遗存，而非祭祀遗存，但尚缺乏相关的物证。目前，把它们理解为祭祀坑依然是最合理的解释，因为盟誓本身含有祭祀的成分，“古不墓祭”也许是一时一地的习俗，不具有普遍性，至少不适合西周时期的晋国。

目前的考古发现表明，北赵晋侯家族墓地这种独立于其他贵族家族墓地之外的形式，在西周时期的诸侯国墓地中十分罕见，这是西周时期晋国墓地一个明显的特点。

曲村墓地

曲村墓地位于曲村—天马遗址的西北部，是该遗址最早发现的遗存之一。这个墓地规模很大，主要分布在今曲村的北面和东面，其中一部分压在村子下面。北京大学历史系考古专业商周组与山西省考古研究所（现为山西省考古研究院）合作，在这里进行了多年的联合考古发掘，发掘了 600 多座周代墓葬。邹衡先生根据已发掘区域墓葬分布的数量和墓地的面积估计曲村墓地至少有 20000 座墓葬（图三、图四）。

20000 座墓葬的墓地规模可谓相当大，其年代从西周早期到春秋早、中期甚至更晚。不过春秋初期以后，墓葬数量明显减少，墓葬等级也明显降低了。从目前的发掘情况来看，西周晚期仅发现两座青铜礼器墓葬，春秋早期的墓葬也很零星，当然这可能与发掘所选择的区域有一定的关系。

曲村墓地已发掘的墓葬以头向北和头向东的墓葬为主，也有一部分头向西的墓葬，而头向南的墓葬很少。通过研究，我们认为，曲村墓地头向北的墓葬是周人贵族及其家族的墓葬，头

图三 图四

图三
曲村墓地鸟瞰图（北向南）

图四
曲村墓地 M6131 墓室

向东的墓葬是唐人贵族及其家族的墓葬，头向西的墓葬则是狄人贵族及其家族的墓葬，头向南的墓葬很可能是周人或与周人关系较密切的人群的墓葬。这几类墓葬基本上都有各自相对集中的埋葬区域，虽然北向和东向墓葬经常犬牙交错，但分界线还是明显存在的。特别是北向和东向青铜器墓墓主的地位明显高于西向青铜器墓墓主的地位，说明在晋国统治集团中，姬周贵族、唐人贵族和狄人贵族在晋侯的统一领导下，共同组成国家的统治集团。

《左传·定公四年》记载："分唐叔以大路、密须之鼓，阙巩、姑洗，怀姓九宗，职官五正。命以《唐诰》，而封于夏虚，启以夏政，疆以戎索。"说明唐叔虞被封之时，周王不仅赐给他土地、器物，还授予他人民。关于"怀姓九宗"，西晋时期的经史学家杜预认为是唐余民，之后，王国维先生认为是媿姓狄人，章太炎先生认为是商遗民，傅斯年和李学勤等学者认为是夏遗民。从曲村墓地发掘的头向西的墓葬、腰坑、殉狗等来看，这些墓主的埋葬习俗显示其属于广义的商遗民，即受到商文化深刻影响的人群，与绛县横水倗国墓地的人群性质相同，都属于媿姓狄人。但是有学者将绛县横水发现的倗氏和翼城县大河口发现的霸氏都归为“怀姓九宗”，似乎忽略了文献记载的“九宗”“五正”在翼，忽略了曲村墓地在发掘区边缘发现头向西的媿姓狄人墓群的事实。

曲村墓地包含多个家族。在上述三大人群中，各自又包含多个贵族家族。这些家族以贵族或贵族夫妇墓葬为中心聚族而葬，有些家族不止一代贵族，贵族之间等级分明。贵族墓葬的东面或有车马坑陪葬，南北向和东西向墓葬陪葬的车马坑大多为东西向长方形，还有一部分车马坑或马坑为东西向梯形。大多数车马坑与其陪葬的主墓的关系是明确的，有一部分车马坑与所陪葬的主墓关系不明确，推测这样的车马坑可能是为多座主墓陪葬的（图五）。

在曲村墓地贵族墓葬中存在明显的夫妻并穴合葬的现象，这与两处晋侯墓地是一致的。夫妻并穴合葬墓不见于贵族阶层以下的平民墓葬，或许是因为平民墓葬中的夫妻墓葬关系难以确定。即便在贵族墓葬中，也不都是夫妻并穴埋葬，有些贵族墓葬周围就不见其配偶的墓葬。在平民墓葬中，虽然有些墓葬是并穴合葬墓，但要

图五
曲村墓地J4区2号车马坑

么由于骨骼保存不理想，无法鉴定其性别；要么是同性墓葬；即便是异性，我们也很难确定其一定是夫妻关系，而不是其他关系。

其实，在曲村墓地大量出现的是小范围内同性墓葬的聚群聚组现象，这种现象很值得关注。它们到底蕴含着什么信息呢？为什么这些男性和女性墓葬不按照夫妻并穴的方式埋葬呢？这些小群是什么样的性质呢？是否表明当时社会中平民夫妻之间的婚姻关系是不稳定的呢？是否与财产的继承有关呢？抑或是有其他原因？总之，这种埋葬习俗超出了我们现有的想象。

曲村墓地是贵族家族墓地，既然是贵族家族，其中就一定有平民。西周时期的社会仍然是以家族为社会基本组织单位聚族而居、聚族而葬的社会。原始社会以来的以农业为基础的家族组织结构，是中国几千年来社会组织的一个传统特色，血缘在社会基层中的作用几乎没有消歇过。虽然在国家政治组织层面存在血缘走向地缘的趋势，但在社会基本层面或民间社会层面，血缘组织长期存在，一直是我国传统农业社会的特色。曲村墓地中家族墓地的埋葬形态，既是对地缘政治组织的诠释，又是对血缘家族组织的反映。

曲村墓地不同族群的贵族虽然有各自的埋葬区域，但共同埋葬在一个大型的公共墓地中，表明他们共同在朝为官，是地缘政治产生的结果。他们又各自埋葬在自身所在人群的家族茔地内，说明血缘关系依然是维系家族组织形态的重要关系，家族组织并没有因为地缘政治而不复存在。相反，国家政权、社会结构的基石依然是传统的家族。家族是社会的细胞，是西周社会的基本单元，是我们认识西周社会历史的一把钥匙。

羊舌墓地

羊舌墓地处于与北赵晋侯墓地一河之隔的滏河南岸，原本没有划入曲村一天马遗址的范围内。2003 年，羊舌墓地被盗，2005 年再次被盗。之后，考古工作者受命介入，才认识到这里是又一处晋侯墓地。不过与北赵晋侯墓地不同的是，羊舌晋侯墓地的晋侯夫妇与其他贵族家族同处一个墓地，而不是像北赵晋侯墓地那样晋侯夫妇单独处于一地，这种变化有其特定的社会历史原因。二者还有一点不同，即北赵晋侯墓地中墓葬的方向为北偏东，而羊舌墓地中墓葬的方向为北偏西，这可能与其所处的地理位置及方位观念有关。

羊舌晋侯墓地位于北赵晋侯墓地东南约 4500 米处。钻探表明，这里至少有 5 座带墓道的大墓，分为两组。考古人员发掘了其中的一组 M1、M2，另一组的 3 座大墓没有发掘。在没发掘的 3 座大墓中，有 2 座明显是并穴合葬墓（图六）。

图六
羊舌墓地高空鸟瞰图（南向北）

羊舌晋侯夫妇墓葬M1、M2在历史上就曾被盗扰过，盗扰发生在下葬后不久，最迟不晚于汉代。墓主人的头骨被弃置在椁室西南角，墓中的青铜礼乐器都已不见。M1仅仅劫余1件铜鼎足，但在墓主人的下半身却发现了不少精美的玉器，个体大小不一（图七—图九）。在M1中还发现了石磬、陶器、金器和其他小件器物。M2盗扰严重，仅在盗土中发现了零星的玉件和1件陶鬲碎片，棺椁木板都被移位。两座墓葬的年代为春秋早期，正好可以与北赵晋侯墓地M93、M102组的年代衔接起来，所以大多数学者认为M1、M2是晋昭侯夫妇的墓葬，M1是晋昭侯的墓葬，M2是其夫人的墓葬。

这两座墓葬都是带南、北两条长斜坡墓道的大墓，以南墓道为主墓道，北墓道为辅墓道，其东面也陪葬一座大型车马坑（图一〇）。墓葬规模较北赵墓地晋侯墓更大，车马坑仅略小于M8晋献侯苏的车马坑。在这两座墓葬的底部也有垒砌的石梁、石垛，作为防潮和加固的设施（图一一）。有的学者认为这两座墓葬的墓主是晋文侯夫妇，还有的认为墓主可能是曲沃桓叔夫妇。前

图七
羊舌晋侯墓地M1棺内玉器出土情况

图八
羊舌晋侯墓地M1出土的玉神人面像

图九
羊舌晋侯墓地M1出土的玉饰

图七
图八 图九

图一〇

羊舌晋侯墓地M1、M2发掘场景

图一一

羊舌晋侯墓地M1的石梁、石垛

者把北赵晋侯墓地 M93、M102 组作为篡位而被杀的晋殇叔夫妇的墓葬来看待，是为一说，或可探讨。后者认为羊舌墓地是曲沃小宗的墓地，显然偏得有点远了。曲沃桓叔作为小宗之人，在当时的历史背景下，根本不可能使用墓道，更不可能使用两条墓道。作为一个与正统大宗为敌、被周王室和其他诸侯国共同讨伐的对象，怎么可能埋葬到晋国都城附近，并将其家族墓地安置在这里，且延续了数十年的时间呢？另外，目前的考古发现基本上可以确定古曲沃不在今天的曲沃县，而在今闻喜县东南的上郭村一带。曲沃小宗与大宗之间的内战长达 67 年，在其没有获得周王室承认的正统合法地位之前，不仅不能享有使用墓道的权利，也不可能埋葬回国都附近。

羊舌墓地的面积约 12 万平方米，由大、中、小型墓葬构成。大型墓位于墓地北部，中、小型墓位于其南，大多有车马坑陪葬。已探明的两组晋侯夫妇并穴合葬墓位于墓地的北部，其周围比较空旷、宽敞，说明这两座墓葬占地范围较大。在已发掘的 M1、M2 两座墓葬的南墓道及其周围发现了 227 座埋葬马、牛、羊、狗和人的祭祀坑，其中有 10 个人坑，其余多为马坑。这种祭祀现象已在北赵晋侯墓地发现过多例（图一二），同样的现象还见于黎城县西关墓地的带墓道大墓中。

位于大墓南面的中、小型墓葬，已经探明有百余座，实际的数量应该更多。这些中、小型墓葬可能就是春秋早期晋国贵族家族的墓葬，他们和没落的晋侯家族墓葬共处同一个墓地。羊舌晋侯墓地的年代可能与曲沃桓叔小宗和晋昭侯大宗斗争的 67 年相始终，或略晚（图一三—图一六）。

2005 年发掘的羊舌晋侯墓地延长了 1992 年发掘的北赵晋侯墓地的年代下限，丰富了曲村—天马遗址的内涵，为进一步认识曲村—天马遗址的性质提供了新证据。此前，邹衡先生认为曲村—天马遗址是唐都，是晋都故绛，而非晋都翼，他认为翼在翼城县的故城村遗址一带。《史记·晋世家》记载：“昭侯元年（公元前 745），封文侯弟成师于曲沃。曲沃邑大于翼。翼，晋君都邑也。”说明晋昭侯时的晋国都城名字就叫翼，而曲村—天马遗址已发现晋昭侯的墓葬，说明翼就在这里，不在故城遗址。小宗晋武公封侯以后，晋献公所筑建的绛都，即故绛，可能不在曲村—天马遗址，因为目前在这里没有发现这

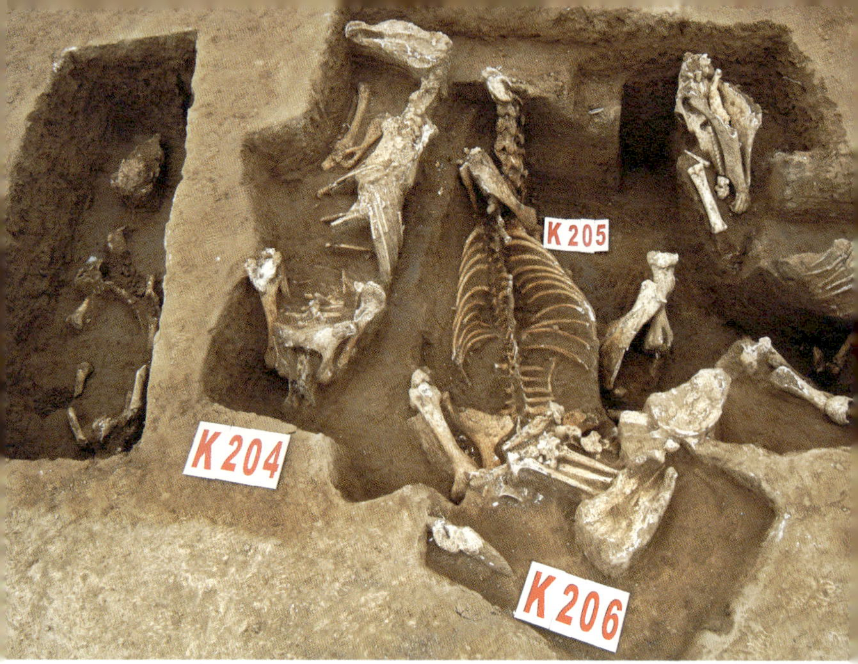

图一二

羊舌晋侯墓地祭祀坑局部

图一三
图一四—图一五—图一六

图一三
羊舌晋侯墓地M4椁室

图一四
羊舌晋侯墓地M4出土的铜鼎

图一五
羊舌晋侯墓地M4出土的铜盘

图一六
羊舌晋侯墓地M4出土的铜匜

一时期的贵族大墓，也没有发现相关的大型建筑或城址。相反，遗址出土材料显示，到春秋中期，曲村—天马遗址已经“陡然衰歇下来了”，说明晋都可能另有所迁。到春秋晚期，《左传·成公十八年》记载晋厉公被杀以后，“葬之于翼东门之外，以车一乘”，而不是“绛”东门之外，说明翼都不仅有城，而且和故绛不在一地。

耐人寻味的是，羊舌墓地虽然在曲村—天马遗址的南部，但在这个墓地周围的滏河南岸并没有发现与之相关的生活居住遗址。那么，这些贵族生前居住在什么地方呢？他们不会居住在数十千米外的翼城县故城遗址一带，而应该居住在滏河北岸的生活居址所在的都城中。但遗憾的是，数十年来的考古工作并没有在这个遗址中发现城墙、宫殿等建筑遗迹。看来，这个工作亟待进一步深入下去，而不能因此产生“这里没有都城”的判断。

由此带来的问题是，羊舌晋侯墓地的墓葬为什么不埋葬在北赵晋侯墓地，而要在滏河南岸另辟墓地进行埋葬呢？难道羊舌晋侯墓地的墓主与北赵晋侯墓地的墓主之间有什么不可逾越的鸿沟吗？

无论北赵晋侯墓地还是曲村贵族家族墓地，其中都没有发现与墓地同时期的居住生活遗址及手工业生产遗迹，且墓地中各时代的墓葬间几乎不存在彼此叠压或者打破的现象，这些都充分说明墓地和遗址是有统一规划、管理的，墓地内部的墓位和埋葬顺序也一定是有所安排的，墓上应该是有标识的，所以后来的墓葬才不会破坏先前的墓葬。

羊舌墓地的开辟可能与北赵晋侯墓地的埋葬空间容积有关。我们虽然还不甚清楚北赵晋侯墓地的西边是否还有埋葬的空间，但从北赵晋侯墓地的墓葬排序上已经可以明显看到，最晚的一组墓葬 M93、M102 好像脱离了原来的“S”形规划，埋到了墓地的西北角上。

北赵晋侯墓地最晚的这一组墓葬的年代已经进入春秋初年。当时社会发生了巨变，西周王朝覆亡，二王并立二十一年，周平王东迁，社会动荡不安，诸侯不再像西周时期那样尊崇周天子了。在晋国内部，西周末年出现了殇叔篡位、文侯弑叔父殇叔的事件。晋文侯虽是一代明主，但在激变的时代背景下，恐怕让他始料未及的是其弟桓叔成师竟然在他死后与其子昭侯发生内战，并改变了晋国的历史走向。晋文侯之子晋昭侯封其叔父桓叔于曲沃，是见于文献记载的晋国国内的首次分封，导致了晋国67年内战，最终以小宗的胜利和大宗的覆灭而结束。

当时，曲沃桓叔身居曲沃城，却与晋都内的大臣潘父等里应外合，联手弑杀晋昭侯，可见当时敌我矛盾之尖锐、斗争之惨烈。《周礼·冢人》记载："冢人掌公墓之地，辨其兆域而为之图，先王之葬居中，以昭穆为左右。凡诸侯居左右以前，卿大夫士居后，各以其族。凡死于兵者，不入兆域。凡有功者居前。以爵等为丘封之度与其树数。"这显然是战国或更晚时期成书的作品，所记内容或与春秋时期有关。羊舌晋侯墓地的开辟与埋葬是不是与"死于兵者"有关，我们不得而知，但羊舌墓地的形成脱离不了当时的历史背景，或许是晋国历史发展的一种必然选择，而非人为或随心所欲的结果。

车马制度

周代是一个以封建礼制为基础的阶级社会，等级森严。贵族和平民是界线分明且不可跨越的两个阶层，贵族享有的很多特权，平民是不能享有的，这体现在器物的使用、服饰、车马、丧葬、宴享、祭祀等社会生活的方方面面。

在贵族阶层内部，等级体现得更为细致、严密。我们以曲村—天马遗址中发掘的车马坑为例予以说明。

北赵晋侯墓地只发掘了 M8 晋献侯苏墓陪葬的大型车马坑（K1）。这座车马坑东西长近 22 米，南北宽 15 米左右，是目前所知西周时期最大的车马坑。这座车马坑位于 M8 的东面，呈东西向，其车坑与马坑在一个大长方形坑中，车坑在西，马坑在东，其间用一条较窄的夯土墙间隔。东边的车坑中至少埋葬了 105 匹马，马骨杂乱叠压，有很多呈捆绑挣扎状，推测它们可能是被活埋的。在这座车马坑西边的车坑中共发现了 48 辆车，形态多样，有彩绘的，有装铜甲片的，有长方形的，有椭圆形的，有方形的，有大车，也有小车，表明其功能是不相同的，但应都是战车。因为在作战过程中，各种车辆都具有不同的功能，有的是长官乘坐的指挥车，有的是用来冲锋陷阵的车，有的是击鼓助威的车，有的是辎重车辆，等等（图一七—图二四）。

这座车马坑中的105匹马装配48辆车。我们知道，西周时期的车是单辕车，也叫单辀车，一般每辆车配2匹马或4匹马，天子之车可以配6匹马，诸侯可以配4匹马，但在实际生活中并不都是这样的。《穆天子传·卷四》记载："癸酉，天子命驾八骏之乘。右服华骝而左绿耳，右骖赤骥而左白义。天子主车，造父为御，太丙为右。次车之乘，右服渠黄而左逾轮，右骖盗骊而左山子。伯夭主车，参百为御，奔戎为右。"说的是周穆王巡狩，造父驾驭周穆王乘坐的主车，参百驾驭伯夭乘坐的次车，二车均为驷马之车。所以天子未必都是乘坐六驾马车，诸侯之马车也不必都是四驾。考古发现西周时期确实有3匹马与1辆车共出的车马坑，但比较罕见；西周时期以2匹马或4匹马驾车最为常见。所以，这座车马坑中的马匹数量应该是偶数才是，可能是有些马匹叠压在其他马匹的下面无法辨识而出现了105

图一七 | 图一八

图一七
北赵晋侯墓地 M8 的车马坑发掘现场

图一八
北赵晋侯墓地 M8 的车马坑发掘场景

图一九 图二〇
图二一

图一九
北赵晋侯墓地M8的马坑

图二〇
北赵晋侯墓地M8车马坑中的彩绘车

图二一
北赵晋侯墓地M8车马坑中21号车车舆外彩绘

图二二
北赵晋侯墓地M8车马坑中的装甲片车

图二三
北赵晋侯墓地M8车马坑出土的銮铃

图二四
北赵晋侯墓地M8车马坑出土的车辖軎

图二二
图二三 图二四

匹马这样的发掘数量。

曲村墓地发掘的车马坑显示，西周时期有 3 车 14 马、3 车 10 马、1 车 8 马、1 车 2 马等配置。车马坑中的马有先处死摆放和活埋等形式，以前者多见。一般都是先置马后置车，有的是车和马分开埋葬，各占一部分空间，但大多数车马坑呈马在下、车在上的叠压状态。在一座车马坑中还殉葬一位 30 岁左右的男性驭手。除了车马坑之外，还发现了少量马坑，只埋马而无车，有 2 马和 2 马 1 犬两种形式，均是死后放入。马坑的填土中还发现了少量兵器和马器等，马、犬、器物埋葬在不同的位置和不同的高度，显然是分批放入的，很可能和当时的埋葬仪式有关（图二五）。

除了陪葬的车马坑，在部分晋侯和夫人的墓葬中还随葬着拆散的车或整车。这些车一般放置在二层台上、椁盖上、墓道中或墓室填土中，车的数量不等。此外，在大多数贵族的墓葬中还常常随葬车马器，用来表示他们的地位和身份。普通平民的墓葬是不能随葬车马器的，更不可能有陪葬车马坑。

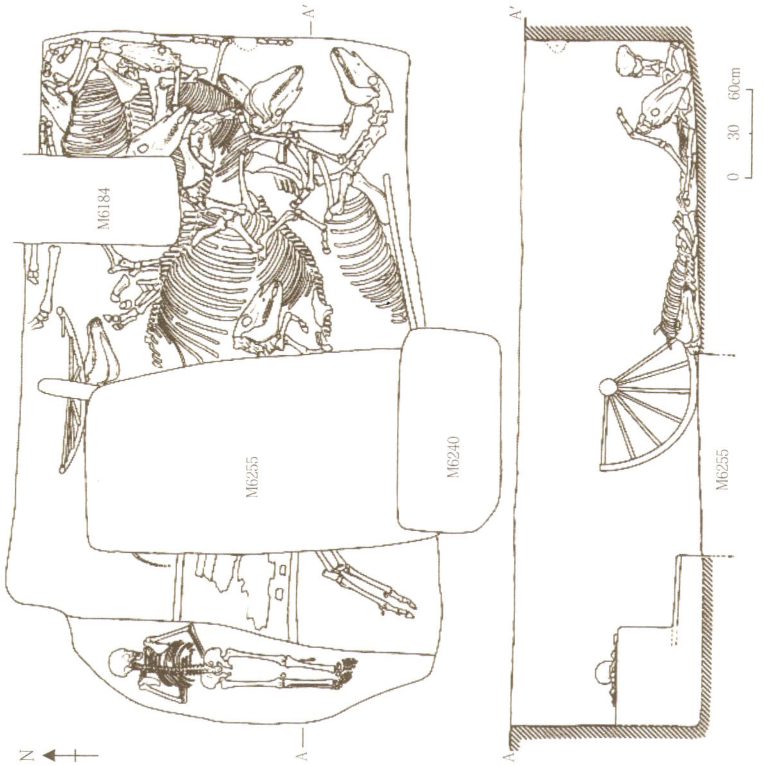

图二五
曲村墓地J4第4号车马坑平面、剖面图

叔虞方鼎

在北赵晋侯墓地最早的一座墓葬M114中发现了一件方鼎，内壁铸铭文，共49字，内容为：“隹十又四月，王彡大栅，桒才（在）成周，咸桒。王乎殷氒（厥）士，赏（？）弔（叔）夨以冂衣、车马、贝卅朋。敢对王休，用乍（作）宝尊彝，其万年对扬王光氒（厥）士。”它记载的是某年的十四月，周成王在洛邑成周进行大祭祀。礼毕之后，周成王命殷厥士赏赐唐叔虞衣服、车马和海贝等器物，叔虞称颂周成王的美德，以赏赐的器物制作了青铜宝器，并赞美王和殷厥士。其中“叔夨”二字，大多数学者认为就是“叔虞”，甚至有学者释“叔夨”之前的那个字为“唐”，因此这件鼎就被称为叔虞方鼎，虽然它被埋葬在唐叔虞儿子燮父的墓葬中（图二六、图二七）。

这是一件典型的西周早期器物。我们知道，方鼎一般都发现于较高级别的贵族墓葬中，是墓主身份和地位的象征物，具有特殊的意义。在较晚的文献记载中有夏铸九鼎、泗水捞鼎等故事，如今本《竹书纪年》中有“迁九鼎于商邑”“九鼎沦泗”的记载，

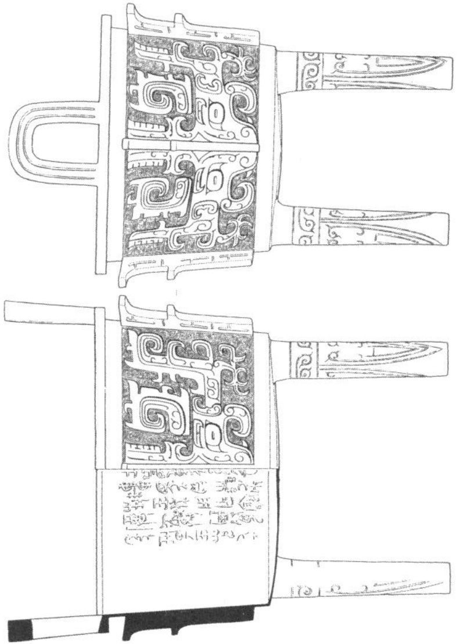

图二六 | 图二七

图二六
北赵晋侯墓地M114出土的叔夨方鼎线图

图二七
北赵晋侯墓地M114出土的叔夨方鼎铭文拓片

《左传》中有“鼎迁于商”“武王克商，迁九鼎于洛邑”的记载。春秋时期，楚庄王观兵周疆，曾经“问鼎中原”，就是询问九鼎的大小和轻重，表明他敢于向周王室挑战。这些故事都充分说明，在当时的社会中，方鼎被赋予特定的象征含义，特别是在宗庙祭祀和埋葬制度上具有特殊意义，并不是所有贵族都可以随便使用的。

在晋国史研究中，有学者说当初可能存在两个唐叔虞，一个是故唐国的末代国君唐叔虞，一个是周成王册封的唐叔虞。《左传·昭公元年》记载：“晋侯有疾，郑伯使公孙侨如晋聘，且问疾。叔向问焉，曰：‘寡君之疾病，卜人曰“实沈、台骀为祟”，史莫之知，敢问此何神也？’子产曰：‘昔高辛氏有二子，伯曰阏伯，季曰实沈……迁实沈于大夏，主参。唐人是因，以服事夏、商。其季世曰唐叔虞。当武王邑姜方震大叔，梦帝谓己：“余命而子曰虞，将与之唐，属诸参，而蕃育其子孙。”及生，有文在其手曰“虞”，遂以命之。及成王灭唐而封大叔焉，故参为晋星。’”这就是两个唐叔虞说法的最早出处。这里说的唐国末代国君唐叔虞，就是周成王灭唐后分封的大叔唐叔虞。《史记·郑世家》记载：“而周武王克纣后，成王封叔虞于唐。”《索隐》：“唐者，古国，尧之后，其君曰叔虞。何以知然者？据此系家下文云：‘唐人之季代曰唐叔虞。当武王邑姜方动大叔，梦天命而子曰虞，与之唐。及生有文在手曰虞，遂以名之。及成王灭唐而国太叔，故因以称唐叔虞。’杜预亦曰：‘取唐君之名’，是也。”这显然是对文献记载的误解。我们知道，古代灭国一般不绝其祭祀，还沿用旧国号。以此看来，文献所记显然是要说明这种分封是天命神授，为其得国继位的合法性寻找依据。在其他封国也有这样的例子，如“宋武公生仲子，仲子生而有文在其手，曰‘为鲁夫人’，故仲子归于我。”又如“鲁成季生，有文在其手曰‘友’，遂以命之”。再如周昭王的小儿子生下来时，有文在其手曰“阎”，康王封之于阎城。因此不可能也没必要有两个唐叔虞，所谓的“其季世曰唐叔虞”，指的就是封到唐地的周成王的弟弟唐叔虞，这个唐叔虞就是唐国的最后一代国君，西晋杜预的解释是对《左传》原文的误解，唐代司马贞的《索隐》不过是因循守旧而已。

唐叔虞是武王的儿子还是武王的弟弟，其实是存在很大争议的。按照《史记》等文献的记载，他是武王的儿子、成王的弟弟。但在传世青铜器中，有一件春秋中期的晋公盆，铭文中有“晋公曰：我皇祖唐公，膺受大令，左右武王，□□百蛮”的语句。另外，在《国语·晋语》中有“昔吾先君唐叔射兕于徒林……以封于晋”的记载。由此可知，唐叔虞在分封前已经成人，并立有赫赫战功，并非年幼之人。可是周成王却因年幼，由周公摄政辅佐七年。如果唐叔虞是成王的弟弟，则年龄应当更小，何以能够左右武王，担当封唐治国、藩屏周王室的大任？我们应该相信文献还是相信青铜器铭文呢？在文献记载中，唐叔虞是武王妻子邑姜的儿子，那又肯定不是庶长子。面对这种不可调和的矛盾，有的学者解释说晋公盆的记载可能是数百年后晋国君臣的记忆错误或溢美之词，但这种解释显然是十分勉强的。今本《竹书纪年》记载：“十年，王命唐叔虞为侯。”即周成王十年，成王分封唐叔虞到唐国。这时成王已经亲自总理大政，叔虞也不再是小孩子了。但即便这样，尚不能解释前面提到的晋公盆铭文中“左右武王”的问题。在还不能确定真相的情况下，我们暂以唐叔虞是武王儿子、成王弟弟的说法为准。

晋侯鸟尊

2000年，在晋侯墓地M114中出土了一件晋侯鸟尊，盖内和器底各铸一篇内容相同的铭文："晋侯作向大室宝尊彝。"这个"晋侯"就是晋国的第一代晋侯燮父；"大室"就是太室，是宗庙的别称。"向大室"就是"向"地的"大室"，也就是当时唐叔虞的大庙，可能在叔虞被册封的唐都，也可能在刚迁来不久的晋都，即曲村—天马遗址一带，正如周王的康宫、康室、康宫大室、穆宫、昭宫、夷宫一样。铭文的意思是晋侯燮父为其父唐叔虞的向大庙制作了一件祭祀宝尊。在M114晋侯燮父墓中还发现了一件铸有相同铭文的三段式筒形尊，铭文在它的内底，显然是供宗庙祭祀用的酒器。可见晋侯鸟尊和这件筒形尊是同时制作的一批器物（图二八）。

尊是一种礼器，其定义有广义和狭义两种。广义的尊泛指各种青铜食器与酒器，一如青铜器铭文中的"宝尊彝"。狭义的尊是宋代金石学家给盛酒器起的名字，

器铭拓片

盖铭拓片

图二八

北赵晋侯墓地 M114 出土的鸟尊

后来才逐渐有所特指。铭文中尊字的造型就是两手捧举“酉”形。“酉”其实就是一种酒水器，最早可以追溯到新石器时代仰韶文化的小口尖底瓶。到了夏商周时期，无论陶器、青铜器还是原始瓷器，都有一种折肩或溜肩的器物，我们把它们都称作尊。除此之外，我们还把大敞口的筒形器和鸟兽形器也叫作尊。

这件晋侯鸟尊的形态与以往所见的鸟尊不同，头部作回首顾盼状，造型奇特，曲线优美大方，是一件不可多得的上乘之作。其背上有一个鸟形纽盖，尾部为一长鼻内卷的象首。它的发现不仅证实了燮父称晋侯的说法，而且说明了唐叔虞大庙的名称为“向”。

由于我们在曲村—天马遗址进行的考古工作有限，目前还没有发现大型的宫殿和宗庙建筑遗址，所以还难以确定当时的宗庙“大室”之所在。不过，在该遗址发现的建筑瓦件已经表明这里存在高等级的建筑，宗庙建筑遗址的发现只是时间问题。

晋侯苏器

晋侯苏是司马迁在《史记·晋世家》中明确记载的一位晋侯，是考古发现的北赵晋侯墓地 M8 的墓主。这是北赵晋侯墓地发现的唯一能与文献记载直接对应的晋侯的名字。

遗憾的是，北赵晋侯墓地的这座晋侯苏墓已被盗掘，但其中残存的器物还很丰富。特别值得关注的是，这座墓葬出土的青铜器上铸刻着两个晋侯的名字，一个是晋侯苏，另一个是晋侯。其中，“晋侯苏”见于 5 件青铜鼎和 1 套青铜编钟上，即我们习称的晋侯苏鼎与晋侯苏钟。

晋侯苏鼎共发现 5 件，均铸有相同的铭文，有的被盗出后流散到美国和中国香港，后又被上海博物馆等机构收藏（图二九）。晋侯苏钟的流散更是传奇。1992 年 8 月，晋侯墓地 M8 被盗。在考古发掘之前，被盗的晋侯苏编钟已经被倒卖到了中国香港。当时的上海博物馆馆长马承源先生闻讯后设法购回了流失的 14 件编钟。由于这套编钟上有凿刻的文字，而非铸造铭文，当时即有学者质疑这套编钟的真伪。直到数月后，考古队在 M8 晋侯苏墓中发现了两件小编钟，才彻底打消了这种疑虑。因为墓葬出土的两件编钟上也有刻文，正好与上海博物馆收藏的 14 件编钟上的刻文可以连读，而且风格一致，两者是同一篇铭文的前后部分。这就充分证明上海博物馆回购的这 14 件编钟是从北赵晋侯墓地 M8 中盗出去的。16 件编钟分为两套，其上刻有 355 字，记载了晋侯苏跟随周王东征宿夷，并受到周王嘉奖的史实，具有填补历史文献记载空缺的重要价值（图三〇、图三一）。

列鼎和编钟上记载的晋侯名字是“晋侯苏”，但同墓出土的另外两套青铜器（铜簋和铜壶），其上铸造的晋侯名字是“晋侯”（图三二—图三五）。著名古文字学家裘锡圭先生把这个晋侯的名字释为“斯”，但其他学者也有不同的隶释。在一座晋侯墓葬中出现了两个晋侯的名字，这两个晋侯的名字分别铸或刻在两组四种青铜器上，且这两位晋侯的名字既不见于其前的墓葬出土的器物上，也不见于其后的墓葬出土的器物上，那么他们是同一位晋侯，还是两位晋侯呢？对于这一问题，

图二九

北赵晋侯墓地M8出土的晋侯苏鼎及铭文拓片

图三〇 北赵晋侯墓地 M8 出土的晋侯苏钟

图三一 北赵晋侯墓地 M8 劫余的两件晋侯苏钟

图三二 图三四
图三三 图三五

图三二
北赵晋侯墓地 M8 出土的铜方壶

图三三
北赵晋侯墓地 M8 出土的铜方壶铭文拓片

图三四
北赵晋侯墓地 M8 出土的铜方座簋

图三五
北赵晋侯墓地 M8 出土的铜方座簋铭文拓片

学界存有争议，但大多数学者信从裘锡圭先生的观点，认为两个晋侯名字实为一名一字的关系。不过这种现象在北赵晋侯墓地其他墓葬中没有发现，也不见于同时期的其他墓地中。这种一名一字的现象，或许正是北赵晋侯墓地发现的唯一能与《史记·晋世家》中晋侯名字对应起来的原因吧。

晋侯苏的相关事迹在传世文献中失载了，但考古发现的晋侯苏的墓葬拥有规模达 320 平方米的车马坑，随葬 5 鼎、4 簋、16 编钟的列器，特别是编钟上 355 字的记事长铭，对我们认识这位立有赫赫战功的晋侯，认识西周晚期晋国的雄厚实力及在周王朝政治舞台上的杰出表现，都具有重要的价值。

文王玉环

北赵晋侯墓地 M31（晋侯苏的夫人墓葬）中出土了一件玉环，因其上刻有“文王卜曰”等字，被学界称为“文王玉环”（图三六）。

这件玉环上刻有 12 个字，著名历史学家和古文字学家李学勤先生释为“文王卜曰：我罘唐人弘战贾人”，意思是周文王卜问：“我周人联合唐国人与贾国人决一大战，如何？”周人联合唐人大战贾人，是久已失传的文王时期的一件史事。李学勤先生认为“文王”是谥号，他终生没有称王。刘桓先生的释文是“文王卜曰：我罘雀人弘伐□人”，他认为是周文王联合雀人大力攻伐□人，反映了周文王致力于扫除西方臣属商朝的方国势力，以壮大自己的力量。孙广明先生释为“文王卜曰：我罘唐人弘战胡人”，认为是周人与唐人联合讨伐胡人。北京大学的董珊先生释为“文王卜曰：我罘唐人强伐崇人”，认为是将文王时期的一次占卜结果刻记在玉环上，反映

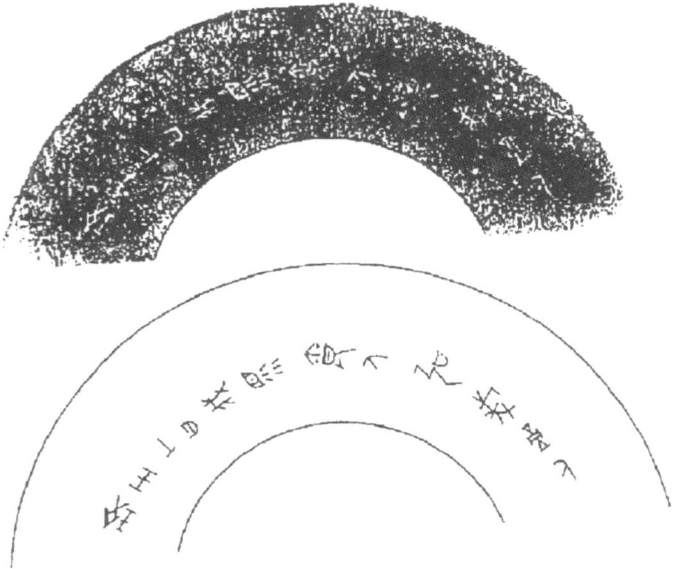

图三六

北赵晋侯墓地 M31 出土的文王玉环拓片

了周文王时代周人曾与唐人联合伐崇，此事也不见于传世文献。

周文王时期的刻文玉环一直流传到西周晚期，并被埋入晋侯墓地晋献侯夫人的墓葬中，说明玉器这种晶莹温润的礼器在那个时代深受人们喜爱，所以贵族会特别选用有价值、有意义的玉器作为陪葬器物。我们经常会在晚期的墓葬中发现早期的玉器，在西周墓葬中经常会发现新石器时代和商代的玉器，如北赵晋侯墓地 M63 晋穆侯次夫人的墓中就发现不少商代晚期的玉器。

杨姞铜壶

杨姞壶是两件形制、纹饰和铭文相似的铜壶，出土于北赵晋侯墓地 M63，即晋穆侯次夫人的墓中，因其器盖下部舌面和器颈内壁各铸一篇内容相同的铭文而命名为“杨姞壶”。其铭文的内容为:“杨姞作羞醴壶，永宝用。”（图三七—图四一）

杨姞壶上的这篇铭文，至少在两个问题上引发了学术界的热烈讨论：一个是 M63 的墓主是不是杨姞，一个是古杨国是不是姞姓。

在杨姞壶发现以前，学界普遍认为西周杨国为姬姓，位于洪洞县坊堆—永凝堡遗址一带。20 世纪 50 年代以来，考古人员在坊堆—永凝堡遗址进行了多次发掘，发现了西周青铜器墓葬和生活遗址，在遗址中还发现了刻有文字的卜骨。永凝堡墓地发现的墓葬最多随葬 3 件铜鼎，墓葬的规模也不大，表明其等级并不甚高，这可能和选择的发掘区域有关。出土的青铜器铭文中仅能看到“恒父”等人名，并没有发现能表明这里属于哪个国族的铭文，更难以与杨国直接联系起来。而且其时代从西周早期一直延续到西周晚期，并未间断。大家根据传世文献普遍认为这里可能就是古代杨国的所在地。

对于杨姞壶铭文中的“杨姞”，也存在两种解释。一种解释是，姞姓女子嫁予杨国而称杨姞，杨国可能是姬姓国家。另一种解释是，杨国为姞姓国家，杨姞是杨国女子嫁给晋侯邦父后的自称。究竟哪一种说法是正确的呢？

2003 年，在陕西省眉县杨家村发现了一处窖藏，出土了大量的青铜器，其中的“四十二年逑鼎”上有长篇铭文，铭文中有“余肇建长父侯于杨”的字句，这与《新唐书·宰相世系表》“周宣王子尚父封为杨侯”的记载密合无间。从时间上来看，宣王封尚父于杨的第二年，即公元前 785 年，晋穆侯便驾鹤归西了，可见姬姓杨国与晋侯联姻的概率很小，而且二者又是同姓，西周时期“同姓不婚”的规定较为严格。假若在姬姓杨国分封之前有姞姓杨国，杨国女子嫁给晋侯邦父，称为杨姞，这种可能性就不能排除。若理解为某国的姞姓女子嫁给姬姓杨国国君而称杨姞，当晋穆侯的次夫人即 M63 的墓主去世

图三七 | 图三九
图三八

图三七
北赵晋侯墓地 M63 出土的杨姞壶

图三八
北赵晋侯墓地 M63 出土的杨姞壶器盖铭文

图三九
北赵晋侯墓地 M63 出土的杨姞壶器内铭文

图四〇 | 图四一

图四〇
北赵晋侯墓地 M63 出土的杨姞壶盖口外壁铭文拓片

图四一
北赵晋侯墓地 M63 出土的杨姞壶器内壁铭文拓片

后，杨姞将自己制作的一对铜壶作为赗赙的礼物随葬在 M63 中，这样也完全可以解释通。因为 M63 是双墓道的墓葬，其年代明显晚于 M64 晋穆侯之墓。不过，在姬姓杨国被分封之前，即“长父侯于杨”之前，杨国若是姞姓国家，晋国与杨国完全可以联姻，此姞姓女子嫁到晋国后可以称晋姞，也可以称杨姞。在综合考察后，我们认为姬姓杨国被封之前的杨国为姞姓国家，杨姞是姞姓杨国女子嫁给晋侯邦父后的自称。在周宣王之子长父被封于杨国之前，晋国与姞姓杨国早有联姻，杨姞是 M63 的墓主是可信的。也就是说，分封姬姓杨国，并不妨碍此前嫁到晋国的晋穆侯夫人这位姞姓杨国女子制作杨姞壶。壶这种酒器在西周晚期墓葬中的地位较高，这一对杨姞壶出土于 M63 中，即可视为墓主身份的标识物，因此我们认为杨姞是晋穆侯的次夫人。

晋侯燮父

叔虞封唐，燮父徙晋，虽然我们习惯上把唐叔虞称作晋国的始祖，就连司马迁都称他为晋唐叔虞，但实际上晋国的第一位国君是唐叔虞的儿子燮父。现藏于中国国家博物馆的疏公簋铭文云：“疏公作郪姚簋，遣于王令唐伯侯于晋，唯王廿又八祀。五。”其中“王令唐伯侯于晋”中的“唐伯”，就是指燮父。燮父是唐叔虞的嫡长子，所以称唐伯。“侯”在这里是个动词，是“封侯”的意思。这件器物提到的“疏公”之“疏”，很可能是周王室畿内的一个采邑。

传世文献记载，唐叔虞之子燮父，因晋水而改国名为晋，显然是把周王对燮父的改封简化成改国号了。燮父封晋是周王朝的一次战略调整。当初分封唐叔虞时，因“唐有乱，周公诛灭唐”而封叔虞继承唐的国号，并封土授民，在此新建唐国。唐之徙晋一定有其深层次的历史原因，绝不是一次简单的徙封。虽然唐国的中心鄂都遗址尚未确定，但可以肯定的是，此唐国或晋国绝不在今太原晋源区一带的古晋阳。

考古发现与研究表明，曲村—天马遗址北赵晋侯墓地的M114，就是晋侯燮父的墓葬。燮父的墓葬营造讲究，长斜坡墓道近墓室的一段铺垫一层红土；棺上髹黑漆，并绘有红漆图案，棺外局部有一层青膏泥；椁盖板上铺一层席子，席子上铺丝织品，丝织品上再放随葬品，随葬品上再置一层青膏泥。椁的周围包裹一层青膏泥是为了保护棺椁，防止外围雨水等的进入，可谓费尽心机。

燮父墓中随葬了4辆车，在二层台上还殉葬了两条狗。墓室北部墓主头前的墓底有一个长方形坑，坑中殉葬一位22～24岁的妙龄女子，骨架完整，仰身直肢，左胸上随葬1件河蚌，还有一具薄棺。尽管此墓被盗，却还发现铜器、陶瓷器、玉器、金器、蚌器、漆器、骨器等各类随葬品200多件。其中叔虞方鼎、晋侯鸟尊和晋侯筒形尊等带铭文的器物表明M114就是第一代晋侯燮父的墓葬。

燮父是晋国的第一位晋侯，他封侯于晋，徙都于曲村—天马遗址，这里的地名就叫晋，从此改国号为晋，而晋国都城的名字却叫作翼。正如晋国晚期的都城所在地（今侯马市）的地名叫新田，都城的名字叫新绛一样。

穆侯邦父

西周诸位晋侯的功绩在传世文献上记载极少，这和春秋以前的传世文献留存较少有很大关系。考古发掘为我们提供了第一手材料，使我们对西周时期的晋侯能有一个直观的认识。传世文献对晋穆侯有一些记载，比如长子仇和次子成师的名字就与晋穆侯的对外征伐有关。《史记·晋世家》记载："（穆侯）七年，伐条。生太子仇。十年，伐千亩，有功。生少子，名曰成师。晋人师服曰：'异哉，君之命子也！太子曰仇，仇者雠也。少子曰成师，成师大号，成之者也。名，自命也；物，自定也。今嫡庶名反逆，此后晋其能无乱乎？'"《左传·桓公二年》也有相似的记载。此事为后来晋国小宗与大宗的67年内战以及最后小宗取代大宗的结局埋下了伏笔。

北赵晋侯墓地M64就是晋穆侯的墓葬，保存完好。晋穆侯的字为"邦父"，"邦"与文献记载的穆侯名字"费王"读音相同。其弟名为"家父"，就是晋穆侯死后篡位的那位"晋叔家父"，后被其侄晋文侯杀死，谥号"殇叔"。

晋穆侯时期，晋国国力强盛，从文献中晋穆侯随周王四出征伐的记载也可窥见一斑。晋穆侯的墓葬也是带一条长斜坡墓道的土坑墓，墓道上和墓道两侧有近 20 个祭祀坑，坑内多为完整的马骨。葬具是二棺一椁，椁上面还放置一辆车，椁的内侧挂有铜鱼、蚌贝和铜铃等装饰物。殓葬时墓主人脸上盖有玉覆面，腰部系着装饰黄金器具的大带。

在墓室里发现了大量青铜器，食器有 5 件鼎、4 件簋及甗、簠，酒器有 4 件尊和爵、壶，水器有盘、匜，乐器有 8 件青铜编钟、1 件钲、16 件石磬，兵器有 1 件铜戈、1 件铜剑和大量铜镞。有意思的是，5 件铜鼎中有 2 件的器形和铭文是相同的，说明这 5 件鼎原本不是一套列鼎。而 4 件簋是否为一套列簋也不清楚，简报说其“形制、花纹相同”，但又说“簋上有晋侯邦父铭文”，并公布了一件簋，并无“晋侯邦父”的铭文，而是[illegible]休为其父“文考叔氏”制作的一套方座簋，说明晋穆侯下葬之时，此叔氏早已作古，以此判断此叔氏当非晋侯邦父（图四二—图四八）。

多位学者认为传世青铜器寅盨上的铭文“叔邦父”“叔姞”就是晋侯邦父和杨姞，其实没有多少道理。因为没有任何证据能够证明晋侯邦父是叔氏，而非嫡长子或次子。更何况同一时期同名字的人很多，如邦父一名，就有晋侯邦父、叔邦父、伯邦父、子邦父、南仲邦父、成伯邦父、成周邦父等。而且盨铭根本就没有提到晋侯邦父，盨铭提及的是王朝畿内之臣，与晋侯邦父和杨姞没有一点关系。

另外，有学者指出，北赵晋侯墓地 M63 的墓主不是杨姞，而是晋姜，即晋姜鼎的作器者晋姜。这种说法似乎也有很多无法解释的问题。晋穆侯先后娶了两位夫人，晋姜在文献中是有记载的，据《史记·晋世家》载，“穆侯四年，取齐女姜氏为夫人”，晋文侯和成师都是她的儿子。杨姞则不见于文献记载。今有部分学者认为叔姞为晋穆侯的原配，姜氏为续娶，同时认为晋国国君隔代娶姜氏，断言晋穆侯必娶姜氏。这种说法本身就自相矛盾，依其意，文侯不能再娶姜氏，也没有道理。其实，M62 随葬 3 鼎 4 簋，为姜氏之墓是恰当的。M63 随葬 3 鼎 2 簋，是杨姞墓也不存在什么问题，因其去世较晚而享有两条墓道的待遇，似不足为怪。晋姜鼎的作器者晋姜是晋文侯夫人也不用怀疑。

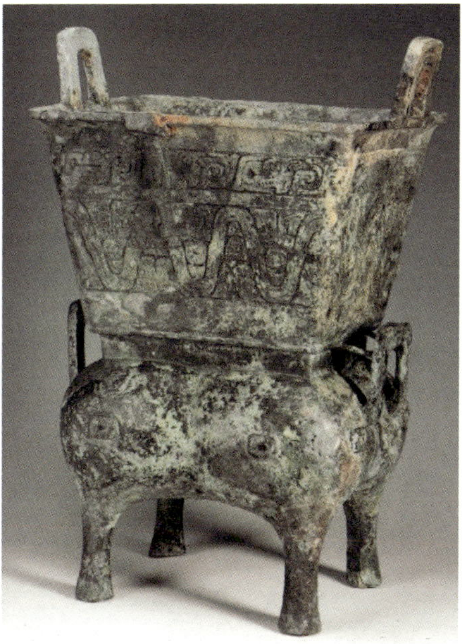

图四二
图四三

图四二
北赵晋侯墓地 M64 出土的叔钊父铜甗

图四三
北赵晋侯墓地 M64 出土的叔钊父铜甗铭文拓片

图四四

图四六 图四五

图四四 北赵晋侯墓地M64出土的楚公逆钟

图四五 北赵晋侯墓地M64出土的楚公逆钟铭文

图四六 北赵晋侯墓地M64出土的楚公逆钟铭文拓片

图四七 — 图四八

图四七
北赵晋侯墓地 M64 出土的铜邦父鼎

图四八

墓葬特征

北赵晋侯墓地和羊舌晋侯墓地的晋侯夫妇墓葬，除了 M102 这座晋侯夫人墓以外，其他晋侯和夫人的墓葬都有墓道，这是等级的象征。曲村墓地和羊舌墓地的中小型墓葬则没有一座墓葬有墓道。晋侯墓地每组墓葬的东面都有单独陪葬的车马坑，而曲村墓地的贵族墓葬并不是都有车马坑陪葬，且车马坑的面积比晋侯墓地车马坑的面积小得多。北赵晋侯墓地的晋侯夫妇墓为夫妻异穴并列合葬墓，墓葬多为口小底大的覆斗形，个别墓葬口底同大，呈直筒形。墓葬的壁面大多经过修整，有的还用抹泥的方式予以处理。绝大多数墓葬都有祭祀坑和陪葬墓。晚期的墓葬墓室有防潮的石梁、石垛和积炭。男性墓葬大于女性墓葬，男尊女卑，晋侯的地位明显高于其夫人。青铜礼器大多放置在墓主的上半身周围或头前，女性墓葬随葬的陶器较多。墓主绝大部分头向北。葬具使用一棺一椁或二棺一椁。

一般来说，前代晋侯的器物可以出现在后代晋侯或其夫人的墓葬中，如 M33 的墓主晋侯僰马，他的器物出现在其子晋靖

图四九
北赵晋侯墓地 M93 墓室

侯夫妇的墓葬 M91、M92 中。晋侯的器物可以出现在其夫人的墓葬中，如 M91 的墓主晋侯喜父，他的器物出现在其夫人的墓葬 M92 中。后代晋侯的器物虽不见于前代晋侯的墓葬中，但可以出现在其母亲的墓葬中，说明其母亲去世晚于其父亲，如 M1 的墓主晋侯对，他的器物出现在其母亲的墓葬 M92 中。晋侯墓地出土的乐器都见于男性墓葬，女性墓葬似乎不随葬乐器。男性墓葬随葬青铜兵器，女性墓葬不随葬青铜兵器。女性墓葬出土的铜或陶三足罐、梯形牌玉石器串饰则不见于男性墓葬。

北赵晋侯墓地的考古资料显示，晋献侯时期，晋国国力强盛，曲村—天马遗址可能在这个时期最为兴盛。M64、M93 这两座晋侯墓的墓室填土中都有弃置的玉石器戈、圭、璧、柄形器饰件等。北赵墓地最晚的一组墓 M93、M102 随葬一套实用器和一套明器，都具有特殊的含义（图四九）。晋侯墓地的墓葬规模、列鼎数量、玉联璜串饰数量、青铜器体量、玉器质量等都表明，在晋南地区，晋国的地位要明显高于同时期的倗国和霸国，晋侯墓地的墓葬等级明显高于曲村墓地。

结束语

晋国早期的都城，
因曲村—天马遗址的发现而定格，
这个都城遗址既非唐，也非故绛，
它的名字叫作翼。

众所周知，文献记载的历史，未必都是真实的历史。考古发掘所提供的材料则是客观存在的，往往更接近真实的历史本身。由于西周时期文献记载的缺乏，考古资料对我们认识西周及西周之前的中国历史就显得尤为重要，曲村—天马西周遗址对于晋国早期历史来说就是如此。

曲村—天马遗址规模大，等级高，保存较好。通过曲村—天马遗址的考古发现，我们已经认识到，西周时的晋国只是晋南地区多个封建国家中的一个侯国，它的范围仅仅“方百里”，远没有后世晋国那么大，其周围散布着众多小国。从叔虞封唐到燮父徙晋，晋国经历了周天子的册命改封。晋国早期的都城因曲村—天马遗址的发现而尘埃落定，这个都城遗址既非唐，也非故绛，它的名字叫翼。

北赵晋侯墓地独立于一般贵族家族的曲村墓地之外，表明晋侯家族具有崇高的地位。曲村墓地多家族墓地共处，显示了晋国人群和文化融合的特色。羊舌晋侯墓地大、中、小型墓葬聚集的形态特征表明，春秋早期，晋侯地位开始下降，不再拥有独立的兆域。晋侯墓地“S”形的墓位形态启示我们，晋国贵族的埋葬遵循一定的礼制顺序，但并非文献记载的昭穆之制。除

图一
流散的西周晋侯铜人

了各等级的墓地和墓葬，在曲村—天马遗址还发现了各种与人们日常生产、生活和精神世界息息相关的遗存，大大丰富了我们对晋国早期历史的认识。

曲村—天马这个使用300余年的早期晋都遗址的发现，使我们认识到，以富庶的农业经济为基础的晋国，在周王朝“启以夏政，疆以戎索”的民族政策指导下，将周文化、唐文化、戎狄文化及相应的人群融为一体，为日后晋国一个半世纪的霸业奠定了“人和”的基础。考古发掘资料表明，晋国从西周中期到晚期逐步走向辉煌，到晋献侯时期达到晋国历史上的第一个高峰。

晋国周围数面环山，正如《左传·昭公十五年》所记载，“晋居深山，戎狄之与邻，而远于王室，王灵不及，拜戎不暇”。晋国周围的山区盘踞着大量戎狄，如条戎、姜氏之戎、奔戎、皋落狄、狄相等。作为姬周的“封建亲戚”，晋国自然有拱卫王朝、“藩屏周室”的义务。从晋侯铜人铭文中我们知道，南淮夷内伐之时“淮夷伐格，晋侯搏戎”（图一）；从晋侯苏钟铭文中我们知道，晋献侯苏随周王远赴东方征伐宿夷，多次受到周王嘉奖；

图二—图三

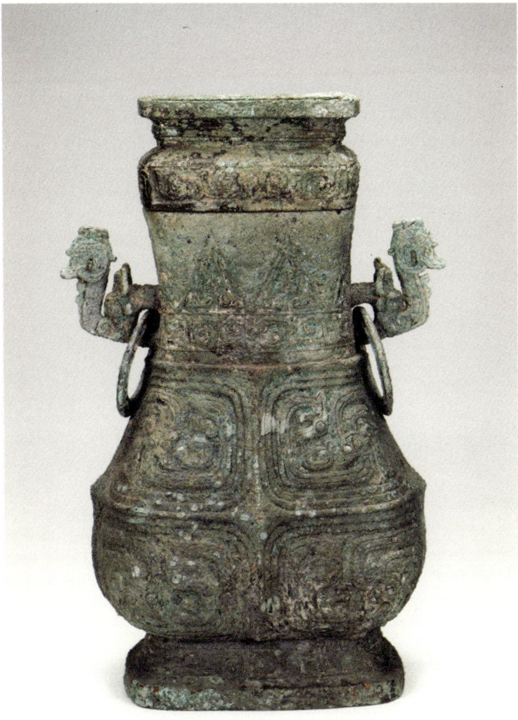

图二
北赵晋侯墓地 M93 出土的晋叔家父铜方壶

图三
北赵晋侯墓地 M93 出土的晋叔家父铜方壶铭文拓片

从文献中我们知道，晋穆侯征伐条戎失利，千亩之战凯旋。西周一代，特别是西周中晚期，南淮夷和北方山区的戎狄与中原华夏集团时战时和，如《汉书·匈奴传》所载："至穆王之孙懿王时，王室遂衰，戎狄交侵，暴虐中国。"由于史料的缺略，我们当前的认识还十分有限，不过从每代晋侯墓葬中都随葬大量青铜兵器可知，战争戎事在当时社会中处于极其重要的地位。

墓葬规模和随葬品的多寡大致可以反映出一个国家的兴衰发展过程。从曲村—天马遗址晋侯墓地和曲村墓地各时期的贵族墓葬中可以看出，晋国社会总体发展平稳，没有出现像翼城大河口霸国墓地所反映的那样大起大落的不平衡状况。曲村—天马遗址的青铜器铭文还反映出与晋国联姻的族姓主要有姜姓、姞姓和媿姓等。

从文献记载可知，晋国最早发生的篡位事件，就是晋穆侯之弟殇叔自立为晋侯，并统治四载，后被其侄晋文侯弑杀。不知他的篡位是否得到周王室的认可，文献仅称其为"晋叔家父"，而不称晋侯。北赵晋侯墓地 M93 出土的一对"晋叔家父"方壶的确耐人寻味，李学

图书在版编目（CIP）数据

曲村：天马遗址 / 山西省文物局编；谢尧亭著 .-- 太原：三晋出版社，2023.12（2024.5 重印）
（山西国宝故事）
ISBN 978-7-5457-2403-5

Ⅰ . ①曲… Ⅱ . ①山… ②谢… Ⅲ . ①古城遗址（考古）- 考古发掘 - 曲沃县 - 通俗读物 Ⅳ . ① K878.04-49

中国国家版本馆 CIP 数据核字 (2023) 第 255480 号

曲村—天马遗址

编　　者：山西省文物局
著　　者：谢尧亭
责任编辑：秦艳兰
助理编辑：张丹华　孙科科
装帧设计：我在文化工作室

出 版 者：山西出版传媒集团・三晋出版社
地　　址：太原市建设南路 21 号
电　　话：0351 - 4956036（总编室）
　　　　　0351 - 4922203（印制部）
网　　址：http://www.sjcbs.cn

经 销 者：新华书店
承 印 者：山西润金容印业有限公司

开　　本：787mm × 1092mm　1/32
印　　张：5.75
字　　数：88 千字
版　　次：2024 年 1 月　第 1 版
印　　次：2024 年 5 月　第 2 次印刷
书　　号：ISBN 978-7-5457-2403-5
定　　价：36.00 元

勤先生认为 M93 的墓主是殇叔的可能性很大（图二、图三）。若如此，那么传世文献的记载是否依然可靠呢？被杀的殇叔不仅被埋入兆域，而且还享有国君的高级别待遇，难道是晋文侯大发慈悲，以晋侯之礼葬之？还是这段历史另有隐情呢？

曲村—天马遗址作为晋国都城达 300 余年，占晋国历史的二分之一。到两周之际的晋文侯时，王室腐败，社会动荡，周幽王被杀，朝野震动。加之春秋初年二王并立，礼制衰落，诸侯各自为政。晋文侯时，晋国已经开始向外扩张，随着地盘的扩大，晋昭侯始行国内分封。小宗曲沃桓叔借分封之便利，而生灭大宗之野心。曲沃桓叔、庄伯、武公三代人，与晋国正统翼都大宗进行了长达 67 年的内战，以致周王朝和多国都被卷入进来，最终小宗以弑杀多位大宗君主、贿赂周王的手段，取得周王室的承认，晋武公始以一军立为诸侯，从此称公，并大肆扩张。至其子晋献公时继续扩张，并使“士芀城绛，以深其宫”，定都故绛。从此，曲村—天马晋都遗址衰落了，历史掀开了新的一页。